Dimensionen des Denkens

Dreiwertige Logik erklärt auf der Basis von Gotthard Günther

Eine Interpretation von Petra Sütterlin

Philognosie®
www.philognosie.net

Bibliographische Information der Deutschen Bibliothek: Die
Deutsche Bibliothek verzeichnet diese Publikation in der
deutschen Nationalbibliographie; detaillierte bibliographische Daten sind im Internet über http://dnb.ddb.de abrufbar.

Autor: © *Copyright by Petra Sütterlin*
Herausgeber: Philognosie GbR
Ferchels 24
14715 Schollene

Erscheinungsdatum: 2009

Umschlaggestaltung: Midjourney - Petra Sütterlin

Herstellung und Verlag:
BoD – Books on Demand,
Norderstedt
ISBN: 9783837099294

Dimensionen des Denkens

skizziert die Geschichte der Logik über Aristoteles bis hin zu Gotthard Günthers mehrwertiger Logik. Es erklärt die wichtigsten Grundlagen zum Verständnis polykontexturalen Denkens. Eines Denkens, das die Widersprüche der zweiwertigen Logik aufhebt.

Petra Sütterlin ist seit 2002 Inhaberin des bekannten Wissensarchivs Philognosie® im Internet. Als Chefprogrammiererin und Webdesignerin organisiert sie zudem zahlreiche Web-Projekte, die unter dem Motto "Wissen gestaltet die Welt" stehen.

Der Inhalt in fünf Kapiteln

Seite

Vorwort 9

I. Wozu Logik? 11
Zweiwertigkeit in der Geschichte 12
Wahrheit - seit wann ist das eine Frage? 13
Was ist eigentlich Logik? 16

II. Wie wir denken 19
Zweiwertigkeit 19
Designation 21
Negation und Relation 22
Vier Prinzipien der aristotelischen Logik 23
Denken in Hierarchien 25
Denken in Heterarchien 28

III. Die Seinsorte der Welt 33
Grenzen der zweiwertigen Logik 34
Zugang zur Dreiwertigkeit 35
Drei Seinsorte 38
Dreiwertigkeit 40
Rejektion 42

IV. Die proemiale Relation 47
Kenogramme und Morphogramme 47
Trans-klassische Wertefolgen 51
Die Struktur der Relation 53
Komplexitätsgrade von Relator und Relata 54
Das proemiale Verhältnis 56

	Seite
V. Polykontexturales Denken	61
Polykontexturalität	62
Reflexion und Sinn	65
Mindestens drei Kontexturen	68
Bei- Spiel Schach	70
Literaturhinweise	74
Gotthard Günther	74
Das Alte Ägypten	75
Zum Schmökern oder Vertiefen	75

Vorwort

Unser Verständnis der Welt ist davon abhängig, wie wir sie beschreiben. Insofern sind unsere Instrumente der Erkenntnis - bislang durch die zweiwertige Logik repräsentiert - mehr als nur eine formale Spielerei tiefsinniger Philosophen. Im 20. Jahrhundert konnten wir den Siegeszug der aristotelischen Logik erleben. Ohne diese Errungenschaft, wären die Erkenntnisse und Möglichkeiten unserer europäischen Kultur nicht möglich gewesen.

Die Grenzen der zweiwertigen Logik sind heute weitgehend bekannt und die Auflösungserscheinungen, beispielsweise der Zerfall des Wahrheitsparadigmas, nagen seit langem an den Grundfesten dieses Systems. Mit Gotthard Günthers mehrwertiger Logik erschien ein neuer Stern am Firmament, der die Kraft besitzt, die Widersprüche des alten Systems zu überwinden.

Kapitel I

Wozu Logik?

Zweiwertigkeit in der Geschichte

Wahrheit - seit wann ist das eine Frage?

Was ist eigentlich Logik?

Wozu Logik?

Alles Bedeutende ist unbequem.
Goethe

"Was aber nicht heißt, daß alles Unbequeme bedeutend ist." "Weshalb nicht? Ich kann doch einfach 'unbequem' mit 'bedeutend' tauschen und schon haben wir: Alles Unbequeme ist bedeutend." "So einfach geht das nicht." "Weshalb? 2+1 macht 3 und 1+2 ist auch 3. Wo ist da der Unterschied?" Oder: "Wieso sollte ich mich mit dreiwertiger Logik befassen? Ich kann auch so bis drei zählen." "Das ist nicht ganz falsch, trifft aber nicht den Kern." Das einwertige, zweiwertige und dreiwertige Denken unterscheidet sich grundlegend. Dazu ein Beispiel aus der Geschichte, die Entdeckung der Stahlhärtung:

Orientalische Schwerter galten als besonders hart und waren somit sehr begehrt. Über ihre Herkunft wird berichtet, daß ein Schmied das noch glühende Eisen eines frisch geschmiedeten Schwertes in den Körper eines Sklaven stieß. Dieses Schwert erwies sich als besonders robust und hart. Die Stärke des Sklaven mußte auf das Schwert übergegangen sein! Ähnliche Versuche führten zum selben Ergebnis, sodaß an dieser Vermutung nicht mehr gezweifelt wurde.

Heutzutage wissen wir, daß man nicht notwendig Sklaven braucht, um Stahl zu härten. Die Härtung von Stahl basiert auf dem Prinzip des "Abschreckens", auch Wasser oder Öl kann dazu verwendet werden. Um zu entdecken, daß keine mythischen Prinzipien wie "Lebenskraft" nötig sind, um Stahl zu härten, bedarf es einer systematischen Analyse von Ursache und Wirkung, die erst im zweiwertigen Denken möglich ist. Jede Überzeugung, jedes Denken, auch die Philosophie und die Logik, hat Voraussetzungen, die als gültig und bindend angenommen werden, auch wenn sie längst nicht mehr thematisiert oder gar in Frage gestellt werden. Unser Denken hat zwei grundlegende Voraussetzungen: Zweiwertigkeit und Wahrheit.

Zweiwertigkeit in der Geschichte

Die Grundlage unseres Denkens, mindestens der letzten 2000 Jahre, ist die aristotelische Logik. Sie wird so genannt, weil sie von dem griechischen Philosophen und Naturforscher Aristoteles (384-322 v. Chr.) begründet wurde. Ihr Kennzeichen ist Zweiwertigkeit. Die Zweiwertigkeit ist jedoch noch älter. Gotthard Günther zeigt im "Substanzverlust des Menschen", daß die altägyptische Kultur eine der ersten versuchsweisen Ausdrucksformen der zweiwertigen Existenz des Menschen ist.

Jan Assmann schreibt über das alte Ägypten: "Wenn es einen Begriff gibt, der geeignet wäre, die Eigenheit der pharaonischen Kultur auf die kürzeste Formel zu bringen, dann ist es der Begriff der 'Zweikultürlichkeit' oder 'Bikulturalität'. Durch die altägyptische Kultur läuft ein so tiefer Spalt, daß wir es eher mit zwei Kulturen zu tun haben als mit einer einzigen".

Die Gebrauchskultur des Alltags steht der Monumentalkultur der Ewigkeit gegenüber. Für den alltäglichen Gebrauch bauten die Ägypter in Lehm, für Bauten der Ewigkeit verwendeten sie Stein. Alltäglich wurde die Kursivschrift verwendet, für die Ewigkeit wurde in Hieroglyphen geschrieben.
Die Zweiwertigkeit kennzeichnet unser Denken seit ca. 3100 v. Chr., seit der 1. Dynastie im Alten Ägypten. Die Frage nach der Wahrheit wurde erst später gestellt.

Wahrheit -
seit wann ist das eine Frage?

Echnaton - Aufklärer, Bilderstürmer, erster Religionsstifter. Echnaton war ein Pharao des alten Ägyptens während der 18. Dynastie im Neuen Reich, ca. 1350 v. Chr. Er veränderte die Vorstellung des "Sonnenlaufs" von einer gemeinsamen Handlung vieler Götter zu einer einsamen Handlung eines Gottes.

Echnaton glaubte das eine Prinzip entdeckt zu haben, den einen Gott, aus dem die Welt hervorging - den Sonnengott Aton, die lebendige Sonne. Echnaton offenbarte nicht moralische Gesetze, er erkannte, daß sich alles auf Licht und Zeit und damit auf die Sonne zurückführen ließ.

"Das war keine Frage von 'Treue' oder 'Eifersucht' (qn'), [...] sondern von Wissen und Wahrheit, also ein kognitiver Durchbruch." (Jan Assmann) Echnaton hat als erster die Unterscheidung von "wahr" und "falsch" eingeführt. Dies ist nicht so zu verstehen, daß die alten Ägypter vor Echnaton 1+1 zu 3 addierten, weil sie ja nicht wußten, was wahr und falsch ist. Auch der Schmied konnte seine Erfolge beim Schwert schmieden wiederholen und wußte, was passiert, wenn er seinen Stahl nicht stark genug erhitzte, bevor er ihn schmiedete.

Das betrifft die Unterscheidung zwischen richtig und falsch im Bereich des Handeln und diese gibt es überall. Den Anspruch auf Wahrheit erhob als erster Echnaton. Er verkündete eine "richtige Lehre" (Orthodoxie), die zwischen wahr und falsch in der Religion unterschied.

Mag es an der Radikalität und Schnelligkeit von Echnatons Umsturz liegen oder an der Ungeheuerlichkeit der Lehre - jedenfalls verwischten die alten Ägypter die Spuren und schrieben die

Geschichte um. Die Idee eines einzigen Prinzips tauchte ca. 700 Jahre später wieder auf. Im antiken Griechenland (ca. 800-146 v. Chr.) entstand der Begriff "Philosophie" - philosophia, die "Liebe zur Weisheit" oder "Freund der Einsicht" - von griech. philia (Liebe) oder philos (Freund) und sophia (Tüchtigkeit, Einsicht, Weisheit).

"Philosophie" wurde erstmals in der Zeit nach Sokrates verwendet, um die Lebenseinstellung und Methodik der Vorsokratier, der Philosophen vor Sokrates, zu beschreiben. Die Vorsokratier beschäftigten sich vor allem mit Naturphilosophie, Theogonie und Kosmogonie. Sie formulierten die Grundfragen der Philosophie, deren eine zentrale Frage, die Frage nach dem Urgrund oder Anfang, aus dem alles entstand, die Frage nach dem einen Prinzip war. Thales (624-546 v. Chr.), der erste Vorsokratier, gilt seit Platon und Aristoteles als Begründer der Philosophie.

Aristoteles sah in der Wahrheit eine Übereinstimmung von Verstand und Sache: "Wahr ist, von etwas, was ist, zu sagen es sei, und von etwas, was nicht ist, zu sagen es sei nicht." Die Wahrheit finden wir durch Anschauung und Erfahrung, empirisch: Die Tasse fällt zu Boden, wenn wir sie loslassen und der Weg nach unten frei ist. Wahrheit bezeichnet im allgemeinen die Übereinstimmung von Urteilen, Aussagen oder Sätzen mit der Wirklichkeit. Aristoteles stellte die Unterscheidung in wahr/falsch auf eine formale Grundlage, er begründete die erste Logik.

Gregor Reisch, *Margarita philosophica:* Typus logicae, 1503

Ein Jäger, bewaffnet mit dem Schwert *Syllogismus* und dem Bogen *Quaestio* (die Frage), geht auf die Jagd: ein schöner Jagdhund *Veritas* und ein häßlicher *Falsitas* jagen den Hasen *Problema*.

Quelle: Wikimedia Commons

15

Was ist eigentlich Logik?

Unter Logik wird heute allgemein eine Theorie verstanden, die sich primär mit den Regeln des korrekten Folgerns oder Schließens beschäftigt. Angesiedelt ist sie teils in der Philosophie, teils in der Mathematik und in der Informatik. Logik untersucht, unter welchen Bedingungen das Folgern einer Aussage aus einer Menge anderer Aussagen korrekt ist.

Kurz gesagt befaßt sich die Logik mit Sätzen: Aussagen, Behauptungen, Urteile, Thesen oder Hypothesen. Sätze sind sprachliche Gebilde, die entweder wahr oder falsch sind. Sie unterscheiden sich beispielsweise von Fragen, die sich in Aussagen und Fragen zerlegen lassen:

Die Frage: "Woraus besteht die Welt?" ist zerlegbar in
die Aussage: "Die Welt besteht aus etwas"
und die Frage: "Was ist dieses?".

Indem Fragen so zerlegt werden, macht man ihre Teile, die Aussagen, der Logik zugänglich. Um exakt beschreiben zu können, wann ein logischer Schluß korrekt ist, wurden formale Sprachen entwickelt. Darin werden beispielsweise Aussagen mit Buchstaben bezeichnet (A,B,C oder p,q).

Die Logik arbeitet außerdem mit Variablen, die zwei Werte annehmen können: wahr oder falsch. Für "wahr" wird w oder 1 geschrieben für "falsch" f oder 2. Den Aussagen können diese Wahrheitswerte zugeordnet werden.

Zwei Aussagen werden durch logische Operatoren miteinander verbunden, um neue, komplexere Aussagen zu erhalten. Solche Operatoren sind beispielsweise die Konjunktion (UND-Verbindung) und die Disjunktion (ODER-Verbindung). In einer Wahrheitstabelle wird für jede mögliche Kombination der

Wahrheitswerte der Wert der Verknüpfung angegeben, beispielsweise für die folgende Konjunktion:

A	B	A * B
w	w	w
w	f	f
f	w	f
f	f	f

Das * steht für eine beliebige Verknüpfung. Die Und-Verknüpfung (oder Konjunktion) ist nur wahr, wenn die Aussage A UND die Aussage B wahr ist. In allen anderen Kombinationen ist die Schlußfolgerung ungültig (falsch). Der Satz "Die Straße ist naß (A) und es regnet (B)" ist nur wahr, wenn A und B zutrifft, also beide Aussagen wahr sind.

Die Logik definiert auch eine einstellige Operation für Aussagen: die Negation. Ist der Ausgangswert "wahr", liefert die Negation den Ergebniswert "falsch". "Die Straße ist nicht naß" ist die Negation der Aussage "Die Straße ist naß".

A	¬ A
w	f
f	w

Das klassische Denken ist zweiwertig. Beleuchten wir die Grundlagen unseres Denkens der letzten 5000 Jahre!

17

Kapitel II

Wie wir denken

Zweiwertigkeit

Designation

Negation und Relation

Vier Prinzipien der aristotelischen Logik

Denken in Hierarchien

Denken in Heterarchien

Wie wir denken

Wer nicht von 3000 Jahren sich weiß Rechenschaft zu geben, bleib im
Dunkeln unerfahren, mag von Tag zu Tage leben!
Goethe

Aristoteles (384-322 v. Chr.) studierte an Platons Akadamie und entwickelte im Laufe der Jahre eigene philosophische Auffassungen. Seine erste Philosophie handelt vom selbständig Existierenden, das zugleich unveränderlich ist. In der Topik, seiner ersten Schrift zur Logik, betrachtet Aristoteles die Logik als einen Teil der Rhetorik. Später ist für ihn die Logik nicht mehr ein Mittel, mit dem der Redner auf sein Publikum einwirken kann, sondern ein Mittel zur Erlangung von Wahrheit.

Aristoteles arbeitete als erster ein System einer formalen Logik aus. Er entdeckte Formen der Verknüpfung von Gedanken zu einem Schluß. Diese nannte er Syllogismen, Typen von Schluß-folgerungen. Sein Ausgangsprinzip ist die Widerspruchsfreiheit des Denkens: keine Aussage ist gleichzeitig wahr und falsch.

Zweiwertigkeit

Zweiwertig denken heißt, in sich gegenseitig ausschließenden Gegenüberstellungen zu denken:

wahr/ falsch, schön/ häßlich, Subjekt/ Objekt, Geist/ Materie, Sein/ Nichts, Gott/ Teufel, Mann/ Frau.

wahr	falsch
schön	häßlich
legal	illegal
Sein	Nichts
Subjekt	Objekt
Geist	Materie
Leben	Tod
Gott	Mensch
Gott	Teufel
Mann	Frau
Himmel	Hölle
Tugend	Laster
Zukunft	Vergangenheit

Wir wenden diese sich ausschließenden Gegenüberstellung in allen Bereichen unseres Lebens an. *Die Guten ins Töpfchen, die Schlechten ins Kröpfchen!* Je nach Lebensbereich wenden wir unterschiedliche Gegenüberstellungen an und wir sind uns im allgemeinen darüber einig, welche passend ist. Fragen wir: "Hat dir das Essen heute geschmeckt?" und bekommen die Antwort "Es hat Spaß gemacht." ist diese "irgendwie unpassend".

Normalerweise werden wir in einem Kleiderladen nach ästhetischen Kriterien beraten und fragen nicht, ob das Hemd gut oder böse ist. Im Gerichtssaal wird verhandelt, ob wir schuldig oder unschuldig sind, eine böse Tat begangen haben. Keiner fragt, ob die Tat schön oder häßlich war oder ob der Richter eine glückliche Kindheit hatte. Wie irritierend es ist, wenn der Täter die Kindheit des Kriminalbeamten analysiert oder ästhetische Kriterien für seine Tat anführt, wurde in "Schweigen der Lämmer" verfilmt.

Die Hölle ist ein Gedanke Gottes.
Schiller

Diese Gegenüberstellungen bedingen sich gegenseitig: Ohne Gesetze ist nichts illegal, ohne Wahrheit ist kein Irrtum möglich und ohne Geist gibt es keine Materie.

Doch:
schwarz - weiß - wo bleiben die Farben?
Mann - Frau - wo bleiben die Kinder?
Zukunft - Vergangenheit - wo bleibt die Gegenwart?

Designation

Die genannten Gegenüberstellungen sind logisch betrachtet nicht ganz korrekt. Streng genommen müßten sie exakte Gegenteile darstellen: weiß und nicht-weiß. Nicht-weiß umfaßt nicht nur schwarz, sondern auch alle Farben. In der zweiwertigen Logik kann nur ein Wert bezeichnet (designiert) werden. Der zweite Wert wird als nicht-bezeichneter (nicht-designierter) benötigt. Deshalb kann sich die zweiwertige Logik nur eines Themas annehmen, sie ist monothematisch.

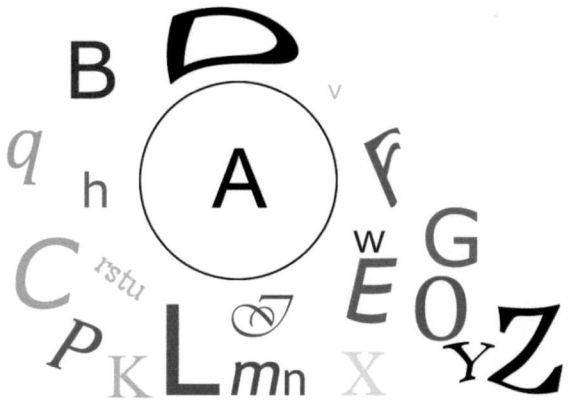

Bezeichnen wir "A", ist alles, was nicht "A" ist "¬ A" (¬ sprich: nicht) und damit nicht bezeichnet. Wäre dem nicht so, bräuchten wir einen dritten Wert, beispielsweise für die Farben. Aber die zweiwertige Logik hat, wie ihr Name schon sagt, nur zwei Werte zur Verfügung. Diese Werte sind zugleich die ontologischen Orte: Subjekt und Objekt.

Negation und Relation

Für Gegenüberstellungen oder das Gegenteil gibt es in der Logik den Begriff der Negation. Die Negation ist eine Operation, die den Übergang von einem Seinsort zum anderen beschreibt, also von A zu ¬ A. Sie ist durch die Negationstafel definiert:

A	¬ A	¬¬A	¬¬¬A
1	2	1	2
2	1	2	1

Durch die Negation wird aus der 1 eine 2. Die Negation des Subjekts ist das Objekt, die Negation von Ich ist ¬ Ich und die von wahr ist falsch. Die doppelte Negation führt wieder zum Ausgangspunkt zurück: Ich wird zu ¬ Ich und bei einer erneuten Negation wieder zu Ich (¬ ¬ Ich ist Ich).

A und ¬ A ist ein Umtauschverhältnis, denn durch die doppelte Negation kommt man wieder zum Ausgangspunkt zurück. "Ein Negationsverhältnis ist ein einfaches Umtauschverhältnis zweier Werte, d.h. es ist eine Relation, die den gegenseitigen Austausch zweier Werte nach bestimmten Regeln erlaubt" (Gotthard Günther).

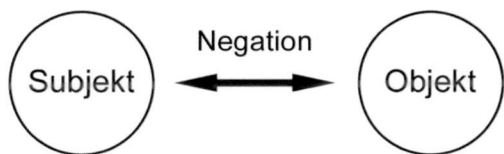

Eine Relation ist eine Verbindung oder Beziehung zwischen Dingen oder zwischen einem Ding und einer Eigenschaft oder zwischen zwei Eigenschaften. A = A ist eine einfache Relation. Sie hat zwei Relationsglieder A und A und das Zeichen "=" ist der Relator, der die beiden Relationsglieder miteinander verbindet.

Ändert sich beim Vertauschen von Vorderglied und Hinterglied nichts, ist die Relation symmetrisch und wird als Umtausch-verhältnis bezeichnet. 1 + 2 = 3 genauso wie 2 + 1 = 3 ist.

Ändert sich etwas, ist die Relation nicht-symmetrisch und wird als Ordnungsverhältnis bezeichnet. Der Bruch 1/2 ergibt etwas anderes als 2/1.

Vier Prinzipien
der aristotelischen Logik

Das Prinzip der Zweiwertigkeit besagt, daß jeder Satz entweder wahr oder falsch ist, unabhängig davon, ob wir seinen Wahrheitswert feststellen können. Aus diesem Prinzip folgen weitere Prinzipien, die Aristoteles erstmals formulierte. Er schuf damit die Basis unserer klassischen Logik:

1.) A = A

Der Satz der Identität: Alles ist mit sich identisch und verschieden von anderem: A = A. Ein Tisch ist ein Tisch und weder ein Sofa, noch ein Stuhl. Sagt jemand von sich er ist ein Christ, dann ist er nicht Buddhist oder Moslem...

2.) ¬(A ∧ ¬A)

Der Satz vom ausgeschlossenen Widerspruch: von zwei sich widersprechenden Aussagen kann nur eine wahr sein: ¬ (A und ¬ A). Eine Aussage kann nicht zugleich mit ihrem Gegenteil wahr sein. Es kann nicht zugleich ein Tisch in einem Raum sein (A) und kein Tisch in einem Raum sein (¬ A). "Mein Nachbar ist Katholik" - "Mein Nachbar ist Protestant" - eine der beiden Aussagen muß falsch sein. Keine Aussage kann zugleich wahr und falsch sein.

3.) A ∨ ¬A

Tertium non datur (lat., wörtlich: Ein Drittes ist nicht gegeben) oder der Satz vom ausgeschlossenen Dritten: für jede Aussage A gilt: A oder ¬ A, aber kein Drittes. Von zwei Aussagen, von denen eine das vollständige Gegenteil der anderen aussagt, muß eine richtig sein. Für die Aussage "Ich bin Atheist" gilt: Ich bin Atheist (A) oder ich bin Nicht-Atheist (¬ A). Der Satz vom ausgeschlossenen Dritten besagt jedoch nicht, welchen Wahrheitswert A hat. Aussage A könnte auch lauten: "Ich bin Nicht-Atheist" und ¬ A: "Ich bin Atheist".

4.)

Der Satz vom zureichenden Grund: Alles hat seinen Grund, warum es so ist, wie es ist, auch wenn die Gründe nicht zu erkennen sind. Beispielsweise ist das Universum entstanden, weil Gott es erschaffen hat oder aus dem Urgrund Wasser (nach Thales) oder durch einen Urknall, oder wie Terry Pratchett sagt: "Im Anfang war das Nichts - und das ist dann explodiert".

Die Zweiwertigkeit ist die Grundlage unseres Denkens seit 5000 Jahren. Deshalb dürfte es einsichtig sein, daß wir diese Logik nicht erst erlernen müssen. Wir wachsen mit ihr ganz selbstverständlich auf. Sie ist tief in unserer Kultur verankert. Keiner bestreitet, daß in einem Raum, den er betritt entweder ein Tisch steht oder kein Tisch steht. Auch wenn wir Logik für Formalismus halten und nichts damit zu tun haben wollen, denken wir gemäß dieser Logik. Und weil wir so selbstverständlich zweiwertig denken, besteht die Gefahr das folgende genau mit dieser Brille zu lesen und damit grundlegend mißzuverstehen.

Denken in Hierarchien

Aristoteles hat Ideen entwickelt, die an Präzision, Systematik und Tiefe für Jahrhunderte Maßstäbe setzten. Ihm verdanken wir auch das erste vollständig ausgearbeitete System des Schließens, die Syllogismen. In diesem Teilbereich der Logik werden Schlüsse behandelt, notwendige Ableitungen aus vorgegebenen Prämissen. Diese Schlüsse sind wahrheitserhaltend:
wahre Prämissen führen stets zu wahren Konklusionen. Alle Syllogismen beruhen auf der Ableitung besonderer Aussagen aus

allgemeinen Aussagen. Sie basieren darauf, daß das Besondere dem Allgemeinen *unter*geordnet ist.

Alle Menschen sind sterblich.

Sokrates ist ein Mensch.

Also ist Sokrates sterblich.

Der umgekehrte Schluß von "Sokrates ist sterblich und ein Mensch" zu "Alle Menschen sind sterblich" mag uns ausreichend gerechtfertigt erscheinen. Doch wenn wir für "sterblich" "Grieche" einsetzten wird deutlich, daß Schlüsse vom Besonderen zum Allgemeinen eine gewisse Evidenz haben, mit einer gewissen Wahrscheinlichkeit zutreffen, aber nicht immer wahrheitserhaltend sind. Aristoteles bewegte ebenso die Frage nach einem letzten Prinzip. Diese Frage ist die konsequente Folge des Satzes vom zureichenden Grund. Wenn alles einen Grund hat und wir irgendwann aufhören wollen zu fragen, dann suchen wir nach einem letzten Prinzip oder einem letzten Grund.

Fassen wir die notwendige Unterordnung des Besonderen unter das Allgemeine zusammen mit dem letzten Grund, dann können wir formulieren: aus dem zweiwertigen Denken folgt ein Denken in Hierarchien. Das Allgemeine steht über dem Besonderen und dieses wiederum über dem Individuellen.

Ganz oben steht die Wahrheit, das Ich, Gott oder ein allgemeines Prinzip. Zum Beispiel stehen bei der Klassifikation von Pflanzen oder Tieren die allgemeinsten Begriffe (Pflanze oder Tier) oben, unten stehen die Individuen, irgendwo dazwischen Säugetiere, Nagetiere etc. Wir denken und leben in Hierarchien, in unten und oben. *Der Mensch ist die Krone der Schöpfung.*

In der Kirche hat der Papst das Sagen, bei der Arbeit wird getan, was der Chef verlangt, der General erteilt Befehle und der Beamte verweist auf seinen Vorgesetzen. Wir formulieren: das ist wahr, gut oder schön und das andere ist falsch, böse oder häßlich und klassischerweise steht das eine über dem anderen: das Wahre, Gute oder Schöne steht über dem Falschen, Bösen oder Häßlichen.

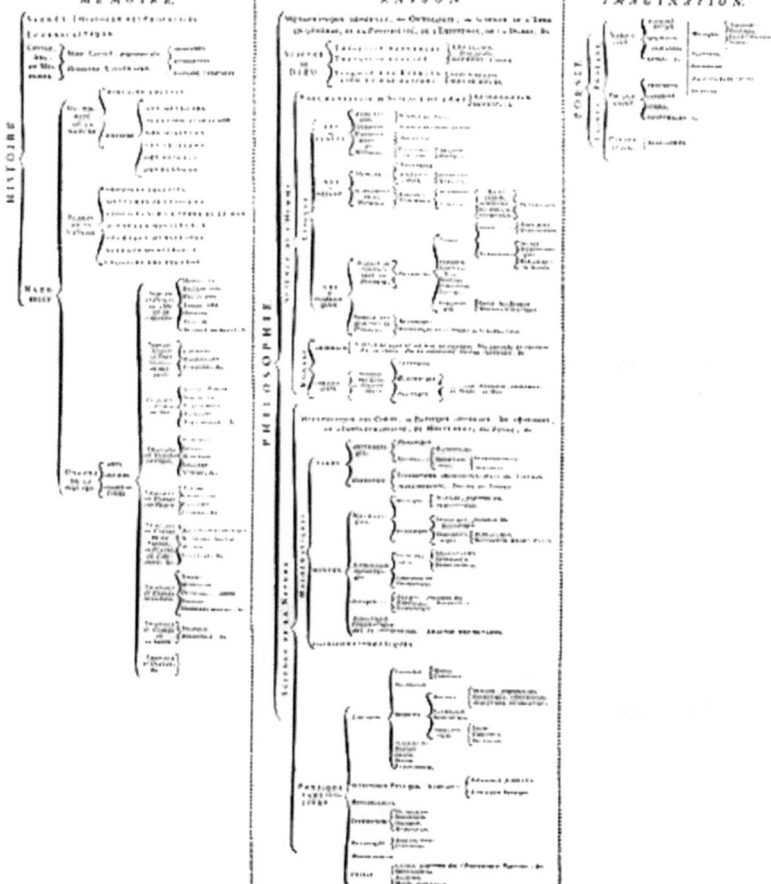

Denis Diderot, Vorsatzblatt Bd. 1, der *Encyclopédie* 1751. Figürlich dargestelltes System der Kenntnisse des Menschen in der *Encyclopédie ou Dictionnaire raisonné des sciences, des arts et des métiers.*

Quelle: Wikimedia Commons

Denken in Heterarchien

Ist das Denken in Hierarchien zwingend oder nur eine Denkgewohnheit unserer Zeit? Gibt es eine Alternative? Blicken wir noch einmal ein paar tausend Jahre zurück - ins alte Ägypten. Die Ägypter lebten einen monistischen Kosmotheismus. Der Monotheismus (Judentum, Christentum, Islam) negiert andere Götter. Der Eine der Ägypter schließt hingegen die Vielen ein. Der eine höchste Gott umfaßt alle anderen Götter in sich. Der ägyptische Begriff der Einheit umfaßt die Vielheit. Die typische Denkstruktur der Ägpyter war das Denken in Zweiheiten. Gebrauchskultur und Monumentalkultur waren scharf getrennt voneinander. Im Göttlichen lebten sie im Gegensatz dazu: "den Einen und die Vielen". Unserer Wahr/Falsch-Logik widerspricht dies offensichtlich. Wir könnten jetzt sagen, daß die Ägypter eben prärational gedacht haben und die Widersprüche gar nicht erkannt haben.

Wir wissen jedoch auch, daß die Ägypter durchaus rational denken und rechnen konnten - ihre Pyramiden haben sie sicher nicht aus dem Bauch heraus gebaut oder pi mal Daumen errichtet. Doch es geht hier nicht darum das altägyptischen Denken zu analysieren und zu entscheiden, wie sie gedacht haben. Wir sind auch heute mit Problemen konfrontiert, die wir mit hierarchischem Denken nicht lösen können. Denn ein ähnliches Problem stellt sich beispielsweise, wenn wir "Licht" unter die Lupe nehmen:

Licht verhält sich wie eine Welle und wie eine Korpuskel, je nach Art der Beobachtung. Die schillernden Farben einer Ölschicht oder Seifenblase lassen sich nur erklären, wenn man davon ausgeht, daß Licht eine Welle ist mit Wellenlänge, Ausbreitungsgeschwindigkeit und Amplitude. Lichtstrahlen können aber auch Elektronen aus Metalloberflächen herausschlagen. Dieser sogenannte Photoeffekt ist eine Bestätigung für die quantenhafte Struktur des Lichts (Licht als Korpuskel oder Teilchen). Um alle physikalischen Erscheinungen, die mit Licht zusammenhängen, zu erklären, benötigen wir zwei sich widersprechende Modelle.

Widersprüchlich sind diese beiden Modelle aber nur auf der Basis einer Wahr/Falsch-Logik - wenn wir davon ausgehen, daß ein Modell das wahre ist, das andere falsch ist und es ein Drittes nicht geben kann. Doch gibt es einen zwingenden Grund daran festzuhalten?

Wir können in diesem Bild sowohl eine Vase, als auch zwei Köpfe im Profil sehen. Hier macht es keinen Sinn zu sagen: die Vase hat Vorrang (sie ist ja auch weiß) und die Gesichter sind untergeordnet. Beide Betrachtungsweisen können als gleich gültig, wahr, schön, wie auch immer nebeneinander stehen.

In heterarchischen Bereichen kann A vor B rangieren, B vor C und C vor A rangieren. Solche Heterarchien hat Escher viel in seinen Bildern gezeichnet: Menschen, die Treppen immer nur hinauf gehen, Wasser, das im Kreis fließt oder A ist höher als B, B ist höher als C und C ist höher als A:

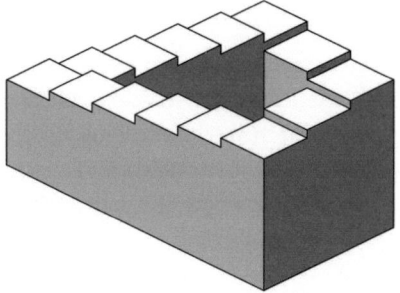

Betrachtet man dieses Bild, merkt man gleich, daß etwas "nicht stimmt". Unser zweiwertiges Denken kommt "durcheinander"

und an diesen Bildern wird deutlich, wie sehr wir in Hierarchien denken. In der klassischen Logik stellt dieses Bild einen groben Widerspruch dar, heterarchisch gedacht veranschaulicht es: A hat Vorrang vor B, B vor C, C vor D und D hat Vorrang vor A. Wir können jetzt formulieren: "wahr" *muß* keinen Vorrang vor "falsch" haben. Oder A muß keinen Vorrang vor B haben. Das ist ganz hilfreich in Gesprächen. Binden wir uns beispielsweise in einem Gespräch an einen Standpunkt und halten diesen und nur diesen unseren für wahr, fällt es uns oft schwer diesen aufzugeben - zuzugestehen, daß an den Aussagen unseres Gegenübers auch "etwas wahres dran ist". Wir verteidigen ihn meist, solange es irgendwie geht und wenn wir ihn nicht mehr halten können, müssen wir uns dem anderen unterordnen. Außer wenn A keinen Vorrang vor B haben muß.

> *Was wäre aus mir geworden, wenn ich nicht gelernt hätte,*
> *die Meinung anderer zu respektieren.*
>
> Goethe

Heterarchisches Denken ist die Alternative zu hierarchischem Denken. Mit Heterarchien können wir alte Streits über den Vorrang von Erkennen vor Wollen oder Mann vor Frau neu bedenken und sie dann beilegen. Aber das genügt noch nicht. Die zweiwertige Logik versagt und muß prinzipiell hinsichtlich komplexer Strukturen versagen:
Ein Mensch ist entweder ein Mann oder eine Frau, ein drittes Geschlecht gibt es nicht. Doch werden Menschen geboren, die sowohl männliche wie auch weibliche Geschlechtsorgane besitzen, die Hermaphroditen. Die Natur schert sich nicht um den Satz vom ausgeschlossenen Dritten, sie bringt einfach Zwitter hervor.

Kapitel III

Die Seinsorte der Welt

Grenzen der zweiwertigen Logik

Zugang zur Dreiwertigkeit

Drei Seinsorte

Dreiwertigkeit

Rejektion

Die Seinsorte der Welt

Arm in Arm mit dir, so ford'r ich mein Jahrhundert in die Schranken.
Schiller

Philosophisch ist das zweiwertige Denken dadurch gekennzeichnet, daß es von einem einheitlichen Seinszusammenhang der Welt ausgeht. Dies drückt sich in unserem Begriff von *Uni*versum aus. Und in der klassischen Logik sind ontologischer Ort und logischer Wert identisch, d.h. es wird nicht unterschieden zwischen ontologischem Ort und dessen Belegung mit einem logischen Wert. Die logische Grundlage unseres Denkens ist die Zweiwertigkeit und daraus ergeben sich zwei Seinsorte: Subjekt und Objekt.
Der Philosoph Gotthard Günther (1900-1984) hat die Grundlagen unseres Denkens untersucht und entwarf eine mehrwertige Logik, die über die aristotelische hinausgeht.

"Um einen neuen echten Formalismus an die Stelle eines alten zu setzen, muß man vorerst ein neues ontologisches Wirklichkeitsbild besitzen. ... Der umgekehrte Weg ist nicht möglich."
Gotthard Günther

Die Logik ist kein Gedankenspiel, das Logiker zu ihrem Vergnügen spielen. Sie beschreibt die Welt, wie wir sie denken und drückt dies in einer formalen Sprache aus. Der Logiker nimmt nicht einfach mal 5 Seinsorte an und prüft dann, was er damit ausdrücken kann. Ohne einen neuen Formalismus kann ein neues Weltbild nicht präzise gedacht werden.

Phantastisches hat die klassische Logik geleistet, ohne Zweifel. Beispielsweise basieren Computer auf der zweiwertigen Unterscheidung von 0 und 1.

33

Doch was kennen und erleben wir und können es mit der zweiwertigen Logik nicht ausdrücken?

- Die Dreifaltigkeit: Gott-Vater, Gott-Sohn, Gott-Heiliger-Geist
- Eine Familie: Vater, Mutter, Kind
- Zeit: Vergangenheit, Gegenwart, Zukunft
- Mitmenschen
- "Ich"

Grenzen der zweiwertigen Logik

Eine der Grenzen der zweiwertigen Logik ist, daß wir damit ein
"Ich" nicht abbilden können, denn Menschen (Ich) verändern sich
ständig mit jedem Gedanken, den sie denken, mit jedem Gespräch,
das sie führen. Menschen sind eben keine objektiven Identitäten.
Der Satz der Identität kann diese Tatsache nicht abbilden, denn nur
tote Dinge können mit sich identisch sein. Eine Weile jedenfalls,
dann zerfallen auch sie. Eine andere Grenze ist, daß wir keine
Mitmenschen abbilden können, weil wir nur zwei Seinsorte zur
Verfügung haben: Subjekt und Objekt.

Gotthard Günther geht in seiner mehrwertigen Logik von
unendlich vielen Seinsorten aus, die isoliert betrachtet jeweils ein
zweiwertiges System darstellen. Ein dreiwertiges System ist ein
drei Stellen umfassendes Stellenwertsystem der klassischen Logik.
Das bedeutet, daß sich die Zweiwertigkeit in einer Vielzahl von
ontologischen Stellen abspielt, die aufeinander bezogen werden
können.

Zugang zur Dreiwertigkeit

Mitmenschen sind in der zweiwertigen Logik Objekte, denn "Ich" ist das Subjekt und folglich ist alles, was "¬ Ich" ist Objekt. Der Begriff Kollateralschaden, ein Synonym für Begleitschaden, definiert Menschen in diesem Sinne: abseits vom Ziel entstehende Schäden aller Art durch ungenauen oder überdimensionierten Waffeneinsatz, also sowohl Verletzte und Tote als auch Zerstörungen, die nicht gewünscht sind (engl. collateral damage; lat. collateralis: seitlich, benachbart)

Wollen wir Mitmenschen mit Dingen gleichsetzen, genügt die zweiwertige Logik um dies abzubilden. Ebenfalls, wenn wir nicht zwischen Ich und Du unterscheiden wollen, Du mit Ich gleichsetzen und unter Objekt alle Dinge verstehen wollen. Wollen wir dagegen einem Du zugestehen, daß es aus seiner Perspektive auch ein Ich ist und Du/Ich grundsätzlich verschieden sind von Dingen und gleichzeitig nicht leugnen, daß Du und Ich verschieden sind, dann bedarf es eines erweiterten Formalismus.

Wie erleben wir Mitmenschen? Alltäglich begegnen wir Menschen und sprechen mit ihnen. Sei es auf der Straße, beim Bäcker, per E-Mail oder in Foren. Wir sprechen in unserer Muttersprache oder in einer Sprache, die alle Beteiligten verstehen. Das Gespräch mit Menschen gehört zu unserem täglichen Erleben. Jedes Gespräch findet in einer Umgebung/Umwelt statt.

"Da gibt es die Teilnehmer am Gespräch, nennen wir sie Anton und Berta, vielleicht nehmen auch noch Claudia, Detlev und andere teil. Das Gespräch findet in einer Umwelt statt. Jeder Teilnehmer produziert Mitteilungen, also z.B. Geräusche in der Umwelt, die andere als Sprache identifizieren können.

Es ergibt sich folgende Struktur:

- Antons Welt: zur Welt von Anton gehören Anton, Umwelt, Berta und Mitteilungen-von-Berta.
- Bertas Welt: zur Welt von Berta gehören Berta, Umwelt, Anton und Mitteilungen-von-Anton.

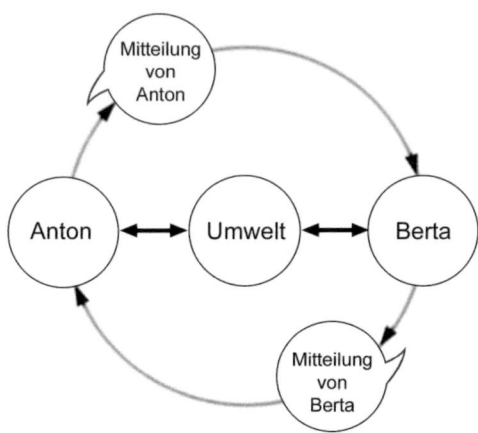

(Das Diagramm könnte um beliebig
viele Personen erweitert werden)

Anton und Berta leben in verschiedenen Umwelten. Anton kann in Bertas Augen sehen, aber nicht in seine eigenen. Bertas Mitteilungen sind für Anton Umwelt, nicht aber für Berta. Außerdem bringen sie beide ihre je eigene Vorgeschichte und ihre je eigene Lebenserfahrung, also ihre persönliche Sicht der Welt mit. Ein Wald ist für einen Förster, einen verirrten kleinen Jungen und einen Dichter - drei völlig verschiedene Umwelten. Das mag man perspektivisch noch mitdenken können, aber die Situation ist bei genauerer Betrachtung viel komplizierter.
Anton und Berta sind Ich und Du, alle weiteren Teilnehmer, Claudia, Detlev usw. auch. Die Umwelt besteht aus Objekten, nennen wir sie Es. Damit haben wir Ich, Du und Es als die zentralen Komponenten. Die Welt besteht für jeden Teilnehmer aus einem Ich, einem oder mehreren Du, deren jedes für sich wieder Ich ist, und Es.

Wir können jetzt schon sehen, daß eine zweiwertige Weltsicht nicht ausreicht. Zweiwertig müßten wir hier von der Einteilung in die Seinsorte Subjekt und Objekt ausgehen. Vom Standpunkt des Ich wären dann Du und Es Objekte. Aber es ist leicht zu sehen, daß ein Du etwas völlig anderes ist als ein Es, denn jedes Du ist für sich ein Ich, ein Es ist aber nie Du oder Ich. Wir müssen das zweiwertige Subjekt-Objekt Schema also erweitern." (Mit freundlicher Genehmigung aus dem Privatnachlaß von M.D. Eschner. Hervorhebungen wurden entfernt.)

"Jedes Einzelsubjekt begreift die Welt mit derselben [klassischen] Logik, aber es begreift sie von einer anderen Stelle im Sein. Die Folge davon ist: insofern, als alle Subjekte die gleiche Logik benutzen, sind ihre Resultate gleich, insofern aber, als die Anwendung von unterschiedlichen ontologischen Stellen her geschieht, sind ihre Resultate verschieden." (Gotthard Günther) Dieses Zusammenspiel von Gleichheit und Verschiedenheit beschreibt Gotthard Günther in seiner mehrwertigen Logik.

Mitteilungen von Anton an Berta und umgekehrt sind mit einfachen Pfeilen dargestellt. Sie weisen alle in eine Richtung und dadurch entsteht eine Kreisbewegung, wie wir sie von Gesprächen kennen: Anton stellt Berta eine Frage, Berta beantwortet sie und fragt ihrerseits Anton, ob er die Antwort verstanden hat. Anton verneint oder bejaht dies usw.

Für jeden Gesprächsteilnehmer besteht die Welt aus Ich, Du (und alle weiteren Gesprächsteilnehmer) und Es (die Umwelt). Und jedes Du ist von sich aus gesehen wiederum ein Ich - jeder Gesprächsteilnehmer sagt von sich: Ich.

Damit sind wir über die zweiwertige Logik hinausgegangen. Zum einen kann Anton einerseits Ich (für sich) und andererseits Du (für Berta) sein. Zum anderen haben wir drei Seinsorte bestimmt: Ich, Du und Es. In der zweiwertigen Logik können wir nur zwei Seinsorte bestimmen: Subjekt und Objekt. Anton ist von sich aus gesehen Ich (Subjekt) und Berta, als auch die Umwelt sind Objekte. Zwischen Berta und dem Tisch, an dem beide sitzen, ist zweiwertig dargestellt kein wesentlicher Unterschied. Doch wer will das ernsthaft behaupten?

Drei Seinsorte

Subjektives-Subjekt = Ich
Objektives-Subjekt = Du
Objektives-Objekt = Es

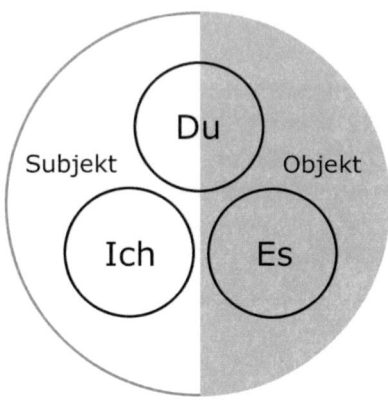

Subjekt verteilt sich jetzt auf Ich und Du und bezieht sich nicht mehr nur auf das Ich. Ebenfalls bezieht sich Objekt nicht mehr nur auf das Es, sondern ist verteilt auf Es und Du. Mit Ich, Du und Es haben wir drei ontologische Orte und benötigen damit auch einen dritten logischen Wert. Wo könnte dieser dritte Wert liegen?

Liegt das Dritte zwischen 1 und 2 ? Das Du in der Mitte zwischen Subjekt (Ich) und Objekt (Es), sozusagen als Übergang oder Verbindung der beiden Werte? Die 3 können wir dann als

Zwischenwert deuten: ein Mitmensch (Objektives-Subjekt) ist eben die Mitte. Objekt ist er nicht und Ich ist er auch nicht.

Ein bekanntes Beispiel für diese Darstellung ist die Fuzzy-Logik. Sie relativiert eine exakte Unterscheidung zwischen 1 und 2. Etwas ist eher wahr als falsch (1,2) oder höchstwahrscheinlich falsch (1,9). Oder zur Hälfte dies und zur anderen Hälfte das (1,5). Anton greift sich aus der Obstschale einen Apfel und beißt hinein. Damit wird aus dem Apfel nicht gleich ein ¬ Apfel. Mit der Fuzzy-Logik können wir Biß für Biß abbilden, wie aus dem Apfel allmählich ein ¬ Apfel geworden ist, wenn Anton ihn aufgegessen hat.

Anton ist sicherlich dankbar über diese Zwischenwerte, wenn er auf dem Nachhauseweg in den Aufzug steigt und der Aufzug nicht von 0 auf 100 übergangslos beschleunigt und von 100 auf 0 wieder steht. Doch hilft uns das wirklich weiter? Mit diesen Zwischenwerten können wir formulieren: Anton ist eher ein Ich, als ein Apfel. Etwas ganz anderes können wir ausdrücken, wenn wir den Rahmen der zweiwertigen Logik verlassen und die 3 separat plazieren.

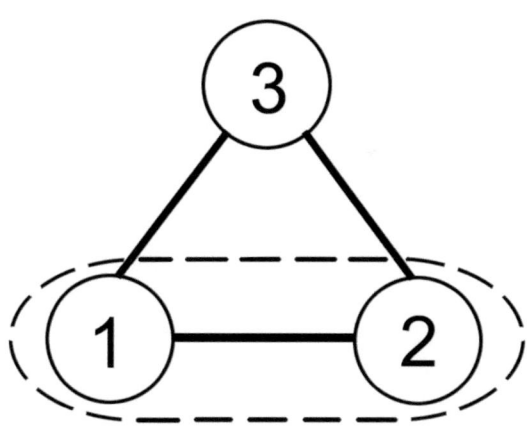

Jetzt können wir abbilden:
Ich (1), die Umwelt (2, Objekte) und Du (3, Anton).

Dreiwertigkeit

Um formal drei Seinsorte darzustellen, bedarf es einer eindeutigen Unterscheidung dieser Orte und einer Beschreibung der Beziehung, in der sie zueinander stehen. In der klassischen Logik ist der eine ontologische Ort die Negation des anderen Ortes. Die Negation ist die Operation, die den Übergang von einem Seinsort zu einem anderen beschreibt, klassisch den von A zu ¬ A. Mit Ich, Du und Es haben wir drei ontologische Orte. Wie gelangen wir vom Ich zum Du? Oder was ist die Negation des Ich? Das Du oder das Es, oder beides?

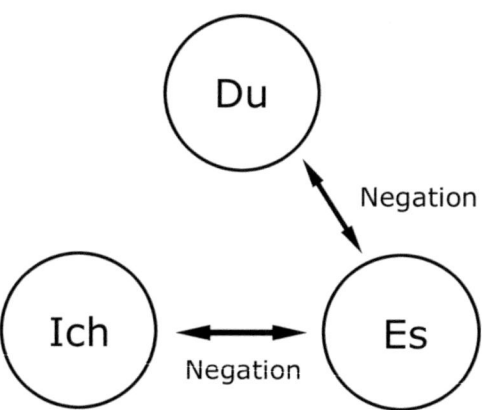

Wenn wir das Du als die Negation des Ich betrachten, dann blenden wir das Es aus. Beziehen wir das Es ein, dann geht der Weg vom Ich zum Es und vom Es weiter zum Du. Wir können das Du nur als Negation des Ich auffassen, wenn wir gleichzeitig die Umwelt der beiden Gesprächspartner als vermittelnde Dimension einführen. Doch wie stellen wir die Verbindung zwischen Ich und Du dar? Mit einer zweiwertigen Logik können wir dies nicht erfassen. Wir benötigen ein logisches System mit drei Werten, eine dreiwertige Logik, die formal aus drei zweiwertigen Logiken besteht. Drei logische Orte, die in sich zweiwertig sind, müssen sich logisch aufeinander beziehen können:

1. Ich - Es (1-2)
2. Es - Du (2-3)
3. Ich - Du (1-3)

In der ersten Logik wird das Ich durch Es negiert, in der zweiten Logik ist das Du die Negation des Es. In der dritten Logik ist das Du die Negation des Ich. Diese Struktur kann nur durch drei aufeinander bezogene zweiwertige Logiken abgebildet werden. Erst mit der dritten Logik können wir ein System schaffen, das alle drei Werte gleichermaßen berücksichtigt.

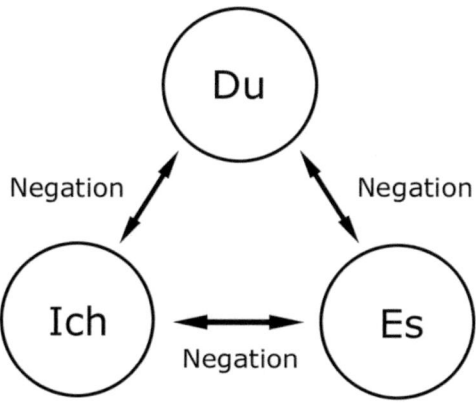

Diese Darstellung ist logisch noch nicht korrekt. Die klassische Negation ist ein Wechselspiel zwischen zwei Werten, ein dritter Wert ist ausgeschlossen. Eine Negation, die die Symmetrie und das Wechselspiel zwischen Subjekt und Objekt aufhebt, gibt es in der klassischen Logik nicht. Diese bekommt man nur, wenn man über die zweiwertige Logik hinausgeht.

Rejektion

Gotthard Günther hat in Anlehnung an Hegels zweite Negation einen Formalismus entwickelt, der dieses Wechselspiel aufhebt: die Rejektion. Die Rejektion gleicht der klassischen Negation, weil sie ebenfalls ein Umtauschverhältnis ist. Doch die Rejektion verwirft die gesamte angebotene Alternative, sie bricht aus dem Wechselspiel aus und verortet die Alternative als Ganzes neu. Sie ist deshalb von der klassischen Negation grundverschieden.

Die Unterscheidung von Subjekt-Objekt (1-2, Ich-Es) wird als Ganzes zurückgewiesen (rejiziert) und ein dritter Wert wird gewählt (3, Du). Die Rejektion tritt in der Gesprächssituation in dreierlei Formen auf:

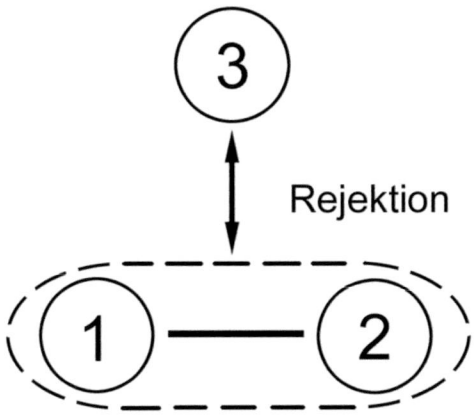

1. als Umtauschverhältnis zwischen Ich und Es, ein Ich lebt direkt in seiner Ich-Umwelt
2. als Umtauschverhältnis zwischen Du und Es, ein Du lebt direkt in seiner Du-Umwelt
3. als Umtauschverhältnis zwischen Ich und Du, Ich und Du können sich nur über Es aufeinander beziehen.

Ich und Du negieren sich gegenseitig, denn jeder ist für sich das Subjekt (subjektives-Subjekt) und für den anderen das Objekt (objektives-Subjekt). Sie negieren sich vollkommen, denn keiner kann dem anderen in den Kopf schauen, jeder kann den anderen nur von außen wahrnehmen. Verständigen könnten sich Ich und Du nur, wenn es ein drittes gibt, dem gegenüber sie sich beide in der gleichen Situation befinden - die Umwelt und/oder das Gesprächsthema.

Anton überdenkt ein Argument von Berta und stimmt ihm zu oder widerlegt es mit einem Gegenargument. Dies können wir mit der klassischen Negation abbilden (A/¬ A). Führt Anton ein Selbstgespräch, werden nur Inhalte gegen Inhalte in einem Bewußtseinsraum vertauscht, genügt die klassische Logik. Im Gespräch wird das Ich-gebundene Überdenken von Argumenten einem Du mitgeteilt. Dies erfordert einen Transfer, der durch die Rejektion möglich wird, indem die gesamte Alternative von Ich/¬ Ich zurückgewiesen wird. Der Prozeß des Verneinens (Ich/¬ Ich) wird negiert.

Die Rejektion gleicht der Negation in der Hinsicht, daß sie ebenfalls ein Umtauschverhältnis konstituiert. Ich und Du negieren sich gegenseitig im Sinne eines Umtauschverhältnisses. Ich und Du stehen prinzipiell als gleichberechtigte Gesprächspartner nebeneinander (außer in hierarchischen Kommunikationen). Andererseits ist die Negation grundverschieden von der Rejektion, insofern sie nicht mehr Bewußtseinsinhalte innerhalb eines Ich-Bewußtseins negiert (das Überdenken von Argumenten) sondern solche Bewußtseinsräume selbst in ein Umtauschverhältnis setzt. Das Ich wird im Gespräch zum Du, wenn das Argument dem Gesprächspartner mitgeteilt wird, und das Du nimmt damit die Stelle des Ich ein.

Das trans-klassische Umtauschverhältnis ist keines, das der zweiwertigen Logik entspricht. Denn dazu müssen beide Seiten symmetrisch sein. Sobald wir einen dritten logischen Ort einführen, kommen wir zu einem nicht-symmetrischen Ordnungsverhältnis (hierarchisch): wir können entweder 1 (Ich) und 2 (Es) auf der einen Seite mit 3 (Du) auf der anderen Seite tauschen (1-2 ↔ 3) oder 1 mit 2 und 3 (1 ↔ 2-3).

Dies ist ein Ordnungsverhältnis mit einem einfachen Verhältnisglied (beispielsweise 1) und einem komplexen Verhältnisglied (beispielsweise 2 und 3). Das Umtauschverhältnis der trans-klassischen Logik entspricht nicht dem der zweiwertigen Logik, es ist ein Umtauschverhältnis, das auf einem Ordnungsverhältnis basiert, ein Umtausch zwischen höherer und niederer relationaler Ordnung.

Zusammengefaßt:

- Ich und Du stehen in einem Umtauschverhältnis zueinander.
- Umtauschverhältnisse sind symmetrisch.
- Nur mit der Rejektion gelangen wir vom Ich zum Du.
- Die Rejektion beschreibt ein Ordnungsverhältnis.

In welchem Verhältnis aber, stehen Umtausch und Ordnung zueinander? Darauf gibt die proemiale Relation Antwort.

Kapitel IV

Die proemiale Relation

Kenogramme und Morphogramme

Trans-klassische Wertefolgen

Die Struktur der Relation

Komplexitätsgrade von Relator und Relata

Das proemiale Verhältnis

Die proemiale Relation

Mußt ins Breite dich entfalten,
Soll sich dir die Welt gestalten;
In die Tiefe mußt du steigen,
Soll sich dir das Wesen zeigen.
Nur Beharrung führt zum Ziel,
Nur die Fülle führt zur Klarheit,
Und im Abgrund wohnt die Wahrheit.
Schiller

In die Breite entfaltet sich die mehrwertige Logik durch die Erweiterung der logischen Werte und Seinsorte. In die Tiefe steigt sie, indem sie zwischen Inhalt und Struktur unterscheidet. Die Polykontextural-Theorie von Gotthard Günther umfaßt neben der mehrwertigen Logik auch die Kenogrammatik und Morphogrammatik. Um die (scheinbaren) Widersprüche des trans-klassischen Umtauschverhältnisses konsistent darzustellen und um die proemiale Relation zu erfassen, müssen wir uns mit Keno- und Morphogrammen befassen.

Kenogramme und Morphogramme

Die Morphogrammatik beschreibt die logische Ebene, die *unterhalb* der Wertbelegung von wahr und falsch liegt, unterhalb der Wertbelegung der klassischen Logik. Sie entfernt alle Inhalte und markiert nur Differenzen. Kenogramme markieren diese Differenzen, sie liegen noch vor der Belegung mit Werten. Der Name *Kenogramm* ist abgeleitet aus dem griechischen: kenos = leer. Kenogramm bedeutet "Leerzeichen". Ein Morphogramm ist eine

Folge von Kenogrammen. Einzelne Kenogramme können einmal oder mehrere Male in einem Morphogramm auftreten. Die Morphogrammatik ist ein tieferliegender Formalismus, aus dem "auch das Letzte entfernt worden ist, was sich auf den kontingent-objektiven Charakter der Welt bezieht, nämlich der faktische Eigenschaften designierende logische Wert." (Gotthard Günther) Der designierende logische Wert wurde bisher beispielsweise mit "Subjekt" belegt und die Negation mit "Objekt". Die Morphogrammatik beschreibt die Struktur, in der die Differenz "Subjekt" und "Objekt" eingefügt werden kann, diese aber noch nicht voraussetzt. Dies gilt auch für die Differenz schön/häßlich, wahr/falsch, Geist/Materie...

Step by step: Die klassische Negationstafel wird wie folgt dargestellt:

wahr (1)	falsch (2)
falsch (2)	wahr (1)

Entfernen wir die Wertbelegung wahr/falsch, bleiben lediglich zwei unterschiedliche Zeichen. Gotthard Günther hat hierfür einfache geometrische Symbole verwendet, ein Dreieck, Quadrat oder eine Raute: △▽■◆

Für 1-2 können wir △▽ oder ▽△ schreiben. Das macht keinen Unterschied, weil die Kenogramme inhaltlich leer sind und somit für beliebige Inhalte stehen. Sie markieren die reine Differenz und bilden nur die Struktur ab. Wahr-falsch oder 1-2 ist strukturell identisch mit falsch-wahr oder 2-1. Deshalb kann die vertikale Wertefolge 1-2 und 2-1 kenogrammatisch so darstellt werden:

Eine Aussage p kann wahr (w) oder falsch (f) sein, eine zweite Aussage q kann ebenfalls wahr oder falsch sein. Für zwei Aussagen (p und q) ergeben sich vier Möglichkeiten der Wertbelegung:

p	q
w	w
w	f
f	w
f	f

Wertefolgen sind in der klassischen Logik vierstellig. Eine Aussage p und eine Aussage q kann beispielsweise über eine Konjunktion (eine "UND-Verbindung") miteinander verglichen werden. Zwei Aussagen werden miteinander verknüpft, indem man für jede mögliche Kombination ihrer Wahrheitswerte den Wert der Verknüpfung angibt. Eine Konjunktion ist nur wahr, wenn beide Aussagen wahr sind. Daraus ergibt sich für die Konjunktion folgende Wertefolge:

p	q	$p \wedge q$
w	w	w
w	f	f
f	w	f
f	f	f

Insgesamt lassen sich 16 solcher Wertefolgen durch einfaches kombinieren bilden. Diese 16 Reihen entsprechen den 16

Wertefolgen (wie Tautologie, Adjunktion, Konjunktion, Disjunktion, Äquivalenz usw...) des Aussagenkalküls. Welche Wertefolgen das genau sind, und was sie abbilden, ist an dieser Stelle nicht wichtig. Es genügt zu wissen, daß mit zwei Werten nicht mehr Kombinationen möglich sind.

1	1	1	1	2	1	1	2
1	1	1	2	1	1	2	1
1	1	2	1	1	2	1	1
1	2	1	1	1	2	2	2

1	2	2	1	2	2	2	2
2	1	2	2	1	2	2	2
2	2	1	2	2	1	2	2
1	1	1	2	2	2	1	2

Die Spalten 9 -16 sind spiegelverkehrt zu den Spalten 8-1, sie sind die Negationen der Spalten 8-1. Die Wertefolge 1-1-1-1 (w-w-w-w) ist wiederum mit der Wertefolge 2-2-2-2 (f-f-f-f) strukturell identisch.

Werden diese Wertefolgen von ihren Inhalten entleert und kenogrammatisch dargestellt, ergibt sich folgendes Bild:

Trans-klassische Wertefolgen

Vom Ich zum Du gelangen wir über die Rejektion, und für diese benötigen wir drei Werte. Bei der Rejektion wird die Alternative von 1 (Position, w) und 2 (Negation, f) als Ganzes verworfen und ein dritter Wert (3) wird gewählt. Die Rejektion, im Vergleich mit der Konjunktion:

p	q	p ∧ q	p	q	r
1	1	1	1	1	1
1	2	2	1	2	3
2	1	2	2	1	3
2	2	2	2	2	2

Die Rejektion (r) ist mit der Konjunktion $(p \wedge q)$ identisch, wenn keine Alternative angeboten wird, d.h. wenn die Werte von p und q identisch sind. Wird keine Alternative angeboten, kann auch nichts gewählt werden. Der angebotene Wert wird akzeptiert und damit wird implizit die zweiwertige Wahlalternative akzeptiert. Bieten p und q die Alternativ-Werte eines zweiwertigen Systems an (1 oder 2), dann kann die gesamte Alternative zurückgewiesen, bzw. rejiziert werden. Damit wird ein Wert gewählt (3), der nicht in das zweiwertige System gehört.

Um die Rejektion darzustellen benötigen wir ein drittes Kenogramm. In der mehrwertigen Logik stehen drei oder mehr Werte zur Verfügung. Die klassische vierstellige Wertefolge ermöglicht strukturell vier verschiedene Werte. Kombiniert man

51

bei einer vierstelligen Wertefolge ein, zwei, drei oder vier Werte in allen möglichen strukturellen Variationen, erhält man die folgenden 15 Strukturen:

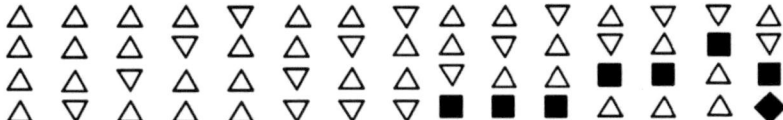

Die Reihe der Morphogramme zeigt, daß die Morphogramme 1-8 die klassische Belegung einer zweiwertigen Struktur darstellen. Eine trans-klassische Struktur wird erst dargestellt, wenn mehr als zwei Werte gewählt werden können. Die Wertefolge der Rejektion (1-3-3-2) wird im 11. Morphogramm dargestellt.

Um das Umtauschverhältnis von Ich und Du darzustellen, muß die Morphogrammatik nicht weiter vertieft werden. Wichtig an der bisherigen Darstellung ist, daß in der trans-klassischen Logik - im Gegensatz zur klassischen - ontologischer Ort und logischer Wert *nicht* identisch ist, Struktur und Inhalt werden getrennt.

Bisher haben wir uns mit dem Ergebnis der Verknüpfung von Aussagen befaßt, beispielhaft mit der Konjunktion und Rejektion. Unhinterfragt bliebt der Prozeß des Verknüpfens. Die Negation ist eine Operation, die den Übergang von einem Seinsort zum anderen beschreibt, also von A zu ¬ A. Auch bei diesem Übergang, dieser Operation sind ontologischer Ort und logischer Wert identisch. Die Morphogrammatik beschreibt auch die Struktur solcher Übergänge und damit die Struktur von Relationen. Mit der Morphogrammatik ist es möglich die proemiale Relation und das Umtauschverhältnis von Ich und Du darzustellen.

Die Struktur der Relation

Die Analyse der Gesprächssituation zeigte, daß das Umtauschverhältnis von Ich und Du eines der drei Umtauschverhältnisse bezüglich der Gesprächssituation ist. Als "Ich" können wir jederzeit die Plätze wechseln mit einem "Du". Die Analyse zeigte weiterhin, daß das trans-klassische Umtauschverhältnis nicht dem klassischen Umtauschverhältnis entspricht, weil ein einfaches Verhältnisglied (beispielsweise 1) mit einem komplexen Verhältnisglied (beispielsweise 2 und 3) getauscht wurde. Dies ist ein deutlicher Unterschied zum Umtauschverhältnis der klassischen Logik, bei dem beide Seiten symmetrisch sind. Kenogrammatisch läßt sich dieser "Widerspruch" auflösen:

Eine Negation ist ein Umtauschverhältnis zwischen zwei Werten, d.h. ein gegenseitiger Austausch zweier Werte: A wird zu ¬ A. Die Rejektion kann nicht als ¬ (¬ A) geschrieben werden, denn dann würden sich die beiden Negationszeichen aufheben und A wäre das Ergebnis. Dies ist die Negation der klassischen Logik. Mit der trans-klassischen Negation hingegen wird keine "Sache" negiert, sondern der Prozeß des Verneinens, die Negation, wird negiert.

Die Negation ist in der klassischen Logik eine Relation. Eine Relation hat mindestens zwei Relationsglieder, die in einer Beziehung zueinander stehen. Bei

A ist die Negation von ¬ A

sind A und ¬ A die Relationsglieder (oder Relata) und "ist die Negation von" bezeichnet die Beziehung, in der die Relationsglieder zueinander stehen:

A (Relatum) ist die Negation von (Relator) ¬ A (Relatum)

Relata und Relator bilden zusammen die Relation. Einfacher dargestellt:

$$R\,(x,\,y)$$

R steht für Relator (die Negation), x und y sind die Relata (A und ¬ A).

In der klassischen Umtauschrelation wechseln lediglich die beiden Relationsglieder (Relata) ihre Plätze:

$$R\,(y,\,x)$$

Die klassische Logik operiert nur mit Relationen, deren Relationsglieder ungeteilte Identitäten darstellen, gemäß dem Satz der Identität (Alles ist mit sich identisch und verschieden von anderem). Die trans-klassische Logik betrachtet tiefergehend die Beziehung des Relators hinsichtlich seiner Relata. Sie untersucht die Struktur einer Relation, vergleichbar mit den Morphogrammen, die die Struktur der Wertefolgen abbilden.

Komplexitätsgrade von Relator und Relata

Ein Relator und ein Relationsglied stehen in einem Ordnungsverhältnis zueinander, bei dem der Relator höherrangig, von höherer logischer Ordnung ist, als das Relationsglied. In der trans-klassischen Logik kann ein Relator mit einem Relatum getauscht werden. Das Umtauschverhältnis der trans-klassischen Logik ist kein Wechsel auf *einer* Ebene, wie etwa R (x, y) in R (y, x) überführt werden kann.

Im trans-klassischen Umtauschverhältnis bedeutet ein Umtausch von Relata und Relator immer auch eine Zu- oder Abnahme des Komplexitätsgrades der Relatoren bzw. der Relata.

"Der Relator kann zum Relatum werden, doch nicht in der Relation, für die er zuvor die Beziehung einrichtete, sondern nur relativ zu einem Verhältnis bzw. Relator höherer Ordnung."
Gotthard Günther

Ein Umtausch, der ein Relatum in einen Relator transformiert (Zunahme), macht dieses Relatum zu einem Relator hinsichtlich Relata von niederer Ordnung. Ebenso wird aus einem Relator ein Relatum (Abnahme) in Bezug auf einen Relator höherer Ordnung. Für eine gegebene Relation (der Index i steht für eine höhere bzw. niedrigere logische Ordnung)

$$R_{i+1}\,(x_i,\,y_i)$$

gilt: Wird das Relatum x oder y zum Relator, erhalten wir:

$$R_i\,(x_{i-1},\,y_{i-1})$$

Hier ist $R_i = x_i$ oder y_i. Wird der Relator zu einem Relatum erhalten wir:

$$R_{i+2}\,(x_{i+1},\,y_{i+1})$$

Hier ist $R_{i+1} = x_{i+1}$ oder y_{i+1}.

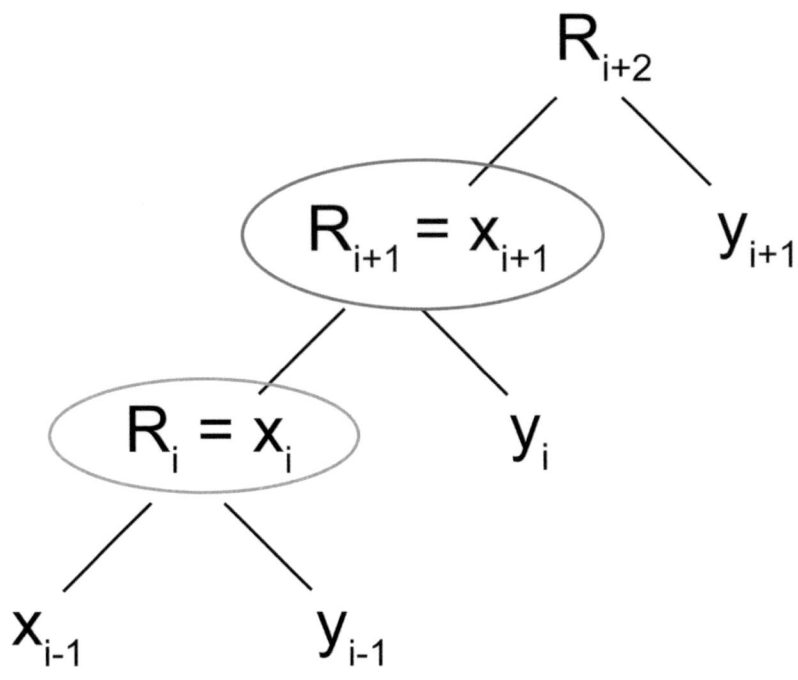

Das proemiale Verhältnis

Die Verbindung zwischen Relator und Relata nennt Gotthard Günther das proemiale Verhältnis, da es der symmetrischen Umtauschrelation und der Ordnungsrelation vorangeht und deren gemeinsame Grundlage bildet. Das proemiale Verhältnis stellt eine tiefere Fundierung der Logik bereit, aus dem die klassischen Relationen (Umtausch- und Ordnungsrelation) hervorgehen.

Das Proemialverhältnis konstituiert jede Relation als solche. Damit ist es die Basis, auf der sich Umtausch- und Ordnungsrelation vollziehen kann. Das Proemialverhältnis wird von der Proemialrelation geregelt. Sie überführt Relata in Relatoren und umgekehrt. Dies jedoch nicht innerhalb einer Relation, sondern zwischen Ebenen höherer und niedrigerer logischer Komplexität. Die Proemialrelation gehört zur Ebene der kenogrammatischen Strukturen, die vor der Belegung mit Werten liegt und eine reine Möglichkeit darstellt.

Das Proemialverhältnis definiert den Unterschied zwischen Unterscheidung und Unterschiedenem, was das gleiche ist wie zwischen Relata und Relator. Gemeinsam hat sie mit der klassischen Umtauschrelation: ein Relator kann zum Relatum werden. Ein Willenssystem kann zum Erkenntnissystem werden, das "Ich" kann im Gespräch zum "Du" werden. Die Proemialrelation entfaltet die strukturellen Eigenschaften eines Umtauschs, aber dieser Umtausch ist kein symmetrischer. Wird ein Relator mit einem Relatum getauscht, ist dies ein Umtausch zwischen niederer und höherer logischer Ordnung. Damit sind Relata keine ungeteilten Identitäten mehr, das "Subjekt" kann sowohl Relatum, als auch Relator sein.

Wir können einen Gesprächspartner als Relation zwischen seinen Körperzellen betrachten, wobei die Körperzellen hierbei die Relata sind. Wir können einen Gesprächspartner jedoch auch als Relatum in einer komplexeren Ordnung darstellen, in einem Gespräch. Ein "Ich" kann beides sein: ein Relator relativ zu seinen Körperzellen und ein Relatum innerhalb der umfassenderen Relation eines Gesprächs.

Die Proemialrelation repräsentiert das Ineinandergreifen von Umtausch und Ordnung. Das Verhältnis zwischen Relator und Relatum ist sowohl durch Umtausch, als auch durch Ordnung strukturiert. Es ist ein Umtausch zwischen niederer und höherer logischer Ordnung, also ein Umtauschverhältnis auf der Basis einer Ordnung, oder ein Ordnungsverhältnis unter der Voraussetzung

eines Umtauschs - ein Zusammenspiel von Hierarchie und
Heterarchie.

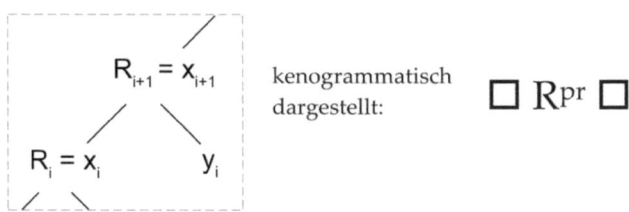

kenogrammatisch dargestellt:

RP^r ist der Relator der Proemialrelation, die Kenogramme □ und
□ sind die Relata. Die Kenogramme können so ausgefüllt werden,
daß eine aktuelle Wertbelegung entweder eine symmetrische
Umtauschrelation repräsentiert (x_i wird mit y_i getauscht) oder eine
nicht-symmetrische Ordnungsrelation (R_i wird mit x_i getauscht,
der Relator wird zum Relatum).

Die Struktur der Proemialrelation ist eine Umtauschrelation:

Die Proemialrelation beschreibt, daß ein Relator von höherer
logischer Ordnung ist, als die Relata, und daß die Relata auf der
selben logischen Ebenen liegen. Sie beschreibt weiterhin, daß wenn
wir Relata und Relator tauschen (was möglich ist), wir dies nicht
innerhalb derselben logischen Ebene tun können, sondern nur
indem die logische Ebene zu- oder abnimmt ($_{i+1}$ oder $_{i-1}$). R_{i+1} und
x_{i+1} stehen in einem Umtauschverhältnis zueinander, doch x_{i+1} ist
ein Relatum einer Relation R_{i+2} und R_{i+1} ist der Relator zu den
Relata x_i und y_i.

□	R^{pr}	□
A	ist das Gegenteil von	¬ A
Relator	ist von höherer logischer Ordnung als	Relata
Mensch	kann mehr Komplexität verarbeiten als	Ameise
Umtauschverhältnis	ist die Negation von	Ordnungsverhältnis
1 ↔ 2	wird zurückgewiesen zu	3
3	ist die Rejektion von	1 ↔ 2
Anton	liebt	Berta
Anton	ist verheiratet mit	Berta
A	ist identisch mit	A

Zusammengefaßt:
- Das proemiale Verhältnis besagt, daß der Relator von höherer logischer Ordnung ist, als die Relata.
- Die proemiale Relation erlaubt einen Umtausch von Relator und Relata.
- Aus dem proemialen Verhältnis folgt, daß dies nur in Bezug auf unterschiedliche logische Ebenen, in Bezug auf verschiedene Relationen möglich ist.

"Was die Proemialrelation einführt, ist eine heterarchische Verbindung zwischen Form und Stoff und folglich zwischen Subjekt und Objekt und deshalb auch zwischen Wollen und Erkennen."
Gotthard Günther

Kapitel V

Polykontexturales Denken

Polykontexturalität

Reflexion und Sinn

Mindestens drei Kontexturen

Bei- Spiel Schach

Polykontexturales Denken

Der Mensch spielt nur, wo er in voller Bedeutung des Wortes Mensch ist,
und er ist nur da ganz Mensch, wo er spielt.
Schiller

Die klassische Logik ist mono-thematisch, sie kann sich nur eines Themas annehmen, weil sie nur einen Wert bezeichnen (designieren) kann. Aus der Sicht der polykontexturalen Logik von Gotthard Günther ist sie mono-kontextural. Doch dies kann die klassische Logik nicht thematisieren, sie kennt diesen Begriff nicht.

In dem alten klassischen Weltbild, das zwar inhaltlichen Reichtum, aber
totale kontexturelle Einfachheit besaß, konnte es nichts echt
und wirklich Neues geben.
Gotthard Günther

Eine Kontextur ist ein zweiwertiger Strukturbereich, d.h. eine zweiwertige Logik (wahr/falsch oder Ja/Nein). Einer Kontextur sind durch ihre Zweiwertigkeit strukturelle Schranken gesetzt, denn in ihr gilt das Prinzip der irreflexiven Identität, das Prinzip vom ausgeschlossenen Widerspruch und das Prinzip vom ausgeschlossenen Dritten (tertium non datur). Ihre Inhaltskapazität und Aufnahmefähigkeit ist jedoch unbegrenzt. Beispielsweise kann die Kontextur grün/¬ grün verallgemeinert werden zu Farbe/¬ Farbe. Diese Verallgemeinerung unter einen je höheren Gesichtspunkt kann unendlich fortgesetzt werden. Und diese infinite Reihe ermöglicht inhaltlich eine immer detailliertere Differenzierung: die Inhaltskapazität und Aufnahmefähigkeit ist unbegrenzt. "Eine Kontextur ist in ihrer Einzigkeit absolut universal und zugleich doch nur eine Einzelne unter Vielen. Das Konzept der Kontextur ist nur sinnvoll im Zusammenspiel mit qualitativer Vielheit, also nur als Polykontexturalität." (Gotthard Günther) Jeder Mensch lebt in seiner Wahrheit und drückt diese mit *seinen*

Worten aus. Oberflächlich betrachtet könnte man dabei an Relativismus, Perspektivismus, Subjektivismus, Nihilismus usw. denken. Doch das entspricht nicht der trans-klassischen Logik: alle Kontexturen sind wahr - jede Kontextur ist zweiwertig und innerhalb der Kontextur gelten die Wahrheitskriterien. Jeder Mensch begreift die Welt mit derselben Logik, aber er begreift sie von einer anderen Stelle im Sein. Benutzen alle Menschen dieselbe Logik, aber von unterschiedlichen ontologischen Stellen, sind ihre Resultate verschieden.

Each world datum in the contexturality of Being should be considered as an intersection of an unlimited number of contextures.

Gotthard Günther

Polykontexturalität

Die Gegenüberstellung von Subjekt/Objekt ist eine Kontextur, die aber in der klassischen Logik nicht *als* Kontextur erkannt wurde. Mit der Einführung des dritten ontologischen Ortes, dem Du, haben wir aus der Kontextur Subjekt/Objekt drei Kontexturen gebildet: Ich/Es, Ich/Du und Es/Du. Polykontexturalität ist ein System von Kontexturen, die unendlich erweiterbar sind und deren struktureller Reichtum damit beständig wächst. Solche Kontexturen können sich gegenseitig überlappen und durchdringen. Beispielsweise ist das Ich in einer Gesprächssituation sowohl die Negation des Du, als auch die Negation des Es. Zwei Kontexturen stehen sich jedoch diskontextural gegenüber, d.h. es gibt *innerhalb* einer Kontextur keine Möglichkeiten und Mittel die Kontextur zu verlassen. Diskontexturalität ist der strukturelle Abbruch, der zwischen zwei Kontexturen besteht. Wir können uns noch so gut mit unserem Gegenüber verstehen, ja sogar den Eindruck haben, als hätten wir dieselben Gedanken. Doch auch dies hilft nicht darüber hinweg, daß das eine "Ich" vom anderen "Du" geschieden bleibt.

Dennoch können wir von einer Struktur in eine andere wechseln. Um diesen Strukturwechsel vollziehen zu können, hat Gotthard Günther einen zusätzlichen Operator eingeführt, die Transjunktion. Diese haben wir bereits kennengelernt als Rejektion. Transkontexturalität ist der Übergang oder Wechsel von einer Kontextur in eine andere Kontextur von höherer Komplexität. Damit sind die verschiedenen Kontexturen miteinander vermittelt und stehen nicht isoliert nebeneinander. Die Alternative von Subjekt und Objekt, *innerhalb* derer die klassische Negation nur ein Vertauschen der beiden Seiten leistet, wird durch die Transjunktion bzw. Rejektion als Ganzes verworfen. Die Subjektivität wird (als Ich) entweder zugunsten des Du oder zugunsten des Es verneint. Das Ich wird im Gespräch zum Du, wenn das Argument dem Gesprächspartner mitgeteilt wird, und das Du rückt an die Stelle des Ich.

Eine Kontextur wird zugunsten einer anderen verlassen, doch damit wird nicht das Universum verlassen. Die Polykontexturalitätstheorie faßt das Sein nicht als Uni-versum auf, als einen in sich geschlossenen bruchlosen Bereich, der die Gesamtheit alles Seienden umfaßt. *Innerhalb* des Universums kann von einer Kontextur in unendlich viele andere Kontexturen unendlich oft gewechselt werden. Und dieser Wechsel ist keineswegs unvernünftig, sondern mathematisch bzw. logisch darstellbar mit der Rejektion, basierend auf der proemialen Relation. Das Universum ist "ein unendliches System sich gegenseitig komplementierender und durchdringender Elementar-Kontexturen, die sich zu höheren strukturellen Einheiten zusammenfassen, die wir Verbunds-Kontexturen" nennen (Gotthard Günther). Alle Kontexturen bilden eine Einheit, das Universum ist ein Ganzes, eine Einheit von Kontexturen, eine Verbundkontextur.

Die einfachste Form einer Verbundkontextur besteht aus drei Elementarstrukturen. Wir können beispielsweise eine Verbundkontextur aus Ich, Du und Es bilden, wenn wir uns vorstellen, daß

"Ich" und "Du" gemeinsam ein Gespräch über ein Thema (Es) führen. Damit ergibt sich ein qualitativ neues Gefüge, das mehr ist, als die Summe seiner Teile. Beziehen sich beide Gesprächspartner sowohl aufeinander, als auch auf das gemeinsame Thema, lassen sich Beziehungen feststellen, die zuvor nicht auftraten. Und anders herum: hätten "Ich" und "Du" kein Gesprächsthema, ständen sie beziehungslos nebeneinander, jeder gefangen in seiner Welt, vom anderen auf ewig geschieden.

Jede Kontextur ist ein zweiwertiges System, in dem die Prinzipien der irreflexiven Identität, des ausgeschlossenen Widerspruchs und des ausgeschlossenen Dritten gelten. Wahrheit enthält jede Kontextur, aber keine Kontextur enthält die ganze oder absolute oder umfassende Wahrheit.

Jede Kontextur ist wahr und unendlich (die Inhaltskapazität und Aufnahmefähigkeit ist unbegrenzt). Aber sie enthält kein Drittes (wegen des tertium non datur). Somit kann sie, trotz ihrer Unbegrenztheit, nur einen Ausschnitt des Universums erfassen und ihr bleibt notwendig etwas verborgen. Ein Satz wie "Du hast alles in klarem Licht und einiges, obgleich nicht alles, im Dunkeln." drückt das beispielsweise aus. Klassisch logisch gedacht ist dies ein Widerspruch: "absolut universal und unbegrenzt" oder "alles in klarem Licht" und "nur eine Einzelne unter Vielen" oder "einiges, obgleich nicht alles, im Dunkeln". Entweder universal und unbegrenzt (alles), oder ein Teil von etwas (einiges).
Solche Widersprüche, die gleichzeitige Behauptung von Position und Negation, sind typisch für die Dialektik, beispielsweise Hegels berühmtes Diktum: "Das Sein ist das Nicht-Sein." Der Widerspruch wird in der Synthese, bzw. durch die Rejektion zum "Werden" aufgehoben.

Der Widerspruch ist das Erheben der Vernunft über die Beschränkungen
des Verstandes.
Hegel

Um eine Kontextur - wahr/falsch - zu verlassen, bedarf es eines dritten Wertes: weder wahr/falsch oder sowohl als auch wahr/falsch. Folglich kann dieser dritte Wert nicht Wahrheit oder Falschheit sein. Der dritte Wert kann Sinn oder auch Wille sein ("Diese Theorie ist sinnvoll"). Kontexturübergreifende Wahrheitskriterien kann es nicht geben, denn dazu bedarf es wieder einer Kontextur, die das gesamte Universum umspannt. Sozusagen eine "Superkontextur", die die gemeinsame Wahrheit aller Kontexturen darstellt. Doch diese kann nicht Wahrheit/Falschheit sein. Wenn es keine kontexturübergreifenden Wahrheitskriterien gibt, was gibt es dann? Willkür, Relativismus, Dezisionismus...? Die Antwort lautet: Reflexion und Sinn.

Die polykontexturale Theorie weist alle 4 Prinzipien der klassischen Logik in ihre Schranken: sie gelten *innerhalb* von Kontexturen. Die klassische Logik bleibt unangetastet, wird aber vervielfältigt. Kontexturübergreifend gibt es ein Drittes (und mehr), Kontexturen können sich widersprechen, das "Subjekt" kann sowohl Relator als auch Relatum sein. Und ein letzter Grund ist nicht zu finden. Reflexion ist die Antwort zu kontexturübergreifenden Wahrheitskriterien, Sinn ist die Antwort auf den letzten Grund.

Reflexion und Sinn

Reflexion ist Denken über Denken. Wie wird das Denken formal abgebildet? Bezeichnen wir in der zweiwertigen Logik "Ich", ist alles, was nicht "Ich" ist "¬ Ich" und damit nicht bezeichnet. Deshalb steht in der klassischen Logik ein Subjekt der ganzen Welt gegenüber und hat diese zum Denkinhalt (Objekt). Der Denkprozeß fällt unter die gleiche Kategorie des Objekts, wie der Denkgegenstand. Ein Tisch ist genauso Objekt, wie ein Reflexionsprozeß. Aus der Zweiwertigkeit folgt die Unmittelbarkeit des Gegenüberstehens: Ein denkendes "Ich" steht einem gedachten "Es" gegenüber. Und daraus folgt die Irreflexivität: Das "Ich" vergißt seine Reflexionstätigkeit und gibt sich ganz und gar an das Objekt hin.

Der Unterschied zwischen Objekt und gedachtem Objekt ist für das trans-klassische Denken relevant. Das Objekt, kann entweder als nicht-reflexionsfähiger Sachverhalt (Es, Tisch, irreflexiv) oder als reflektierendes Erlebnis (Reflexion, Sinn, reflexiv) interpretiert werden. Deshalb treten anstelle des "absoluten" klassischen Objekt-Wertes zwei nicht-aristotelische Werte: irreflexiv (klassisch positiv) und reflexiv (klassisch negativ). Auf diesen Unterschied von irreflexiv und reflexiv kann wiederum reflektiert werden. Da aber das Denken, das auf diesen Unterschied reflektiert, von dem gedachten Denken (reflexiv) unterschieden werden muß, benötigen wir einen dritten Wert. Gotthard Günther hat ihn doppelt-reflexiv (trans-klassisch negativ) genannt. Dieser dritte Wert unterscheidet die Reflexion, die klassisch als Objekt auftritt, vom trans-klassischen Reflexionsprozeß, der auf den Unterschied irreflexiv/reflexiv reflektiert.

Die klassischen logischen Werte wahr/falsch, Position/Negation gelten innerhalb von Kontexturen. Die polykontexturale Logik führt drei Reflexionswerte ein, die auf Kontexturen angewandt werden:

- Irreflexiv (nicht reflexiv) (I): Aussagen über (gedachte) Objekte, über Es (klassisch positiv) - bloßer Inhalt der Reflexion.
- Reflexiv (R): Reflexion über das Denken der Objekte (klassisch negativ) - der Prozeß der Reflexion wird abgebildet.
- Doppelt reflexiv (D): Aussagen über das Verhältnis von irreflexiven (Objekte) und reflexiven (Subjekt) Aussagen: reflektiert irreflexiv (trans-klassisch negativ).

Ein "Ich" macht Aussagen über (gedachte) Objekte, über "Es". Dies sind irreflexive Aussagen (nicht reflexiv - nicht rückbezüglich). Irreflexive Aussagen sind Aussagen innerhalb von Kontexturen.

Und innerhalb der Kontextur wird anhand der zweiwertigen Logik entschieden, ob eine Aussage wahr oder falsch ist. Beispielsweise ist die Aussage "Im Raum steht ein Tisch" entweder wahr oder falsch. Jede Kontextur hat ihre eigenen Wahrheitsdefinitionen und -kriterien. Einen Unterschied zwischen Wissen und Glauben gibt es nicht: "Ich komme nach meinem Tod in den Himmel" ist wahr oder Glaube (Gott garantiert dies). Über diese Aussagen kann wiederum reflektiert werden. Auch dies ist ein einfacher Gegensatz zwischen Denken und Gedachtem, also wiederum zweiwertig. Doch der Gegenstand des Denkens ist nicht das Sein (Objekt) sondern das Denken dieses Seins (gedachtes Objekt). Das Objekt des Denkens ist der Reflexionsprozeß. Reflexive Aussagen sind Aussagen über Kontexturen. Eine reflexive Aussage spricht über den Sinn einer Kontextur. Aussagen über Kontexturen können nicht wahr oder falsch sein, denn es gibt kein Wahrheitskriterium dafür. Wahrheitskriterien gibt es nur innerhalb von Kontexturen, innerhalb der Wissenschaft oder innerhalb des Christentums. Die Frage, die sich daraus ergibt, lautet: "Was ist die Wahrheit?". Rejektion über Rejektion, von einer Wahrheit zur anderen. Jedoch: alle Wahrheiten werden reflektiert und verlieren damit ihre Wahrheit.

Die daraus folgende Frage lautet: Wie kann Wahrheit begründet werden? "Gibt es einen Gott?" Reflektiert wird mittels Metaebenen, beispielsweise wird die Logik mittels einer Metalogik reflektiert. Jede Metaebene bedarf zu ihrer Begründung eine weitere Metaebene. So verfängt sich die Reflexion in einer unendlichen Iteration (Wiederholung desgleichen) von Metaebene über Metaebene.

Die Reflexion hat noch ein drittes Objekt: das denkende Ich oder das Subjekt (jetzt aber als gedachtes Subjekt). Man kann auch sagen: das Verhältnis des Reflexionsprozesses zur Irreflexivität. Doppelt reflexive Aussagen reflektieren irreflexive Aussagen parallel zu dem Sinn reflexiver Aussagen und sind deshalb doppelt reflexiv. Anders gesagt: doppelt reflexive Aussagen reflektieren irreflexive Aussagen nicht als unmittelbare, sondern als reflektierte Aussagen. Der Gegenstand des Denkens ist nicht selbst eine Iteration, auf die eine andere folgen könnte. Die Unendlichkeit der

Iteration selbst wird zum Objekt der Reflektion. Die Frage lautet nicht mehr: "Was ist Wahrheit und wie kann sie begründet werden?" Reflektiert wird beispielsweise auf die Differenz Wahrheit/Irrtum, d.h. auf den Sinn dieser (wissenschaftlichen) Kontextur und reflektiert dies wiederum gegen den Sinn einer anderen Kontextur (Wahrheit/Glaube). Dies ist etwas völlig anderes als nur festzulegen, was wahr oder falsch ist (irreflexive Aussage) oder zu bestimmen was Wahrheit ist (die Wahrheit der Wahrheit - reflexive Aussage). Aus Identitäten kann kein Sinn gewonnen werden. Sinn kann nur aus Differenzen gewonnen werden: von der Position zur Negation und dann zur Rejektion (die Zurückweisung der gesamten Alternative).

Mindestens drei Kontexturen

Die Mindestvoraussetzung für die Möglichkeit der Vermittlung zwischen verschiedenen Kontexturen, ist die Existenz von drei Kontexturen.

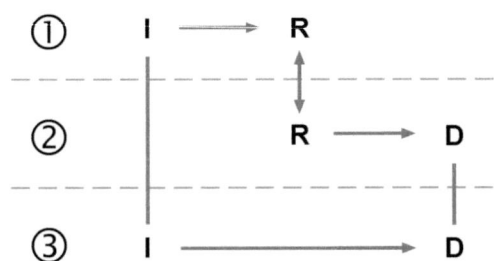

I (irreflexiv), R (reflexiv), D (doppelt reflexiv)
→ steht für Ordnungsrelation, ⇕ für Umtauschrelation,
I für Kongruenzrelation

Kongruenz: Deckungsgleichheit (lat. congruens: übereinstimmend, passend) Die Kongruenzrelation ist ein Spezialfall der mathematischen Äquivalenzrelation. **Äquivalenz**: Gleichwertigkeit (lat. aequus: gleich und valere: gelten) Die Äquivalenzrelation ist eine Relation zwischen Elementen einer Menge, mit folgenden Eigenschaften: sie ist symmetrisch (R (x,y) = R (y,x)), reflexiv (sich selbst gleich, R (x,x)) und transitiv (R(x,y), R(y,z) => R(x,z)).

Die erste Kontextur (1) ist die Stufe des Selbstbewußtseins, der Reflexion auf das Sein, das unmittelbare Denken des Seins, irreflexive Aussagen, die sinnliche Gewißheit. Bei I → R verkörpert R den Reflexions*prozeß*, R ist Relator. I steht für irreflexive Aussagen. Dies ist die Domäne der klassischen Logik.

Die zweite Kontextur (2) ist die Reflexion der ersten Kontextur, die Reflexion der Reflexion des Bewußtseins auf das Sein. Bei R → D wird R zum Gegenstand der Reflexion, R ist Relatum. Zwischen R (1) und R (2) besteht ein (trans-klassisches) Umtauschverhältnis: der Relator wird zum Relatum einer umfassenderen Relation. Mit der zweiten Kontextur haben wir die klassische Logik verlassen. Ohne ein vermittelndes und vermitteltes System I → D bleibt das Verhältnis Objekt-System (I → R) und das auf dasselbe reflektierende Metasystem R → D vieldeutig, denn R vertritt im dreiwertigen System die klassische Negation und diese ist wegen der Designation unendlich vieldeutig.

Die dritte Kontextur (3) reflektiert das erste Objekt des Denkens (I), aber nicht als unmittelbar gegebenes Objekt, sondern als reflektiertes. Da D doppelt reflexiv ist, gibt es außer R → D das Negationsverhältnis I → D . Während bei R → D D die logische Struktur des zweiwertigen Denkens reflektiert, reflektiert D bei I → D , wie die Objekte des Seins im Denken abgebildet werden.

Das reflexive Denken (R in Kontextur 1) reflektiert nur auf das irreflexive Denken (I → R). Das doppelt reflexive Denken (D) reflektiert auf das irreflexive (I) und das reflexive Denken (R). Das Diagramm stellt auch dar, daß das reflexive Denken einmal Relator ist, weil es auf Irreflexivität reflektiert (Kontextur 1), andererseits Relatum ist (Kontextur 2), weil das doppelt reflexive Denken auf das reflexive Denken reflektiert.

Dies ist ein Denken, das nicht mehr der Zweiwertigkeit entspricht und damit nicht mehr dem Identitäts- und Wahheitsparadigma unterliegt. Dieses Denken ist von Reflexion und Sinn geprägt.

Bei- Spiel Schach

Irreflexiv: Herbert spielt ab und an Schach und weiß, daß das Ziel darin besteht, den gegnerischen König so anzugreifen, daß er den Angriff nicht abwehren, sich nicht schützen und auch nicht ausweichen kann. Kurz: es geht darum den anderen Schachmatt zu setzen. Es geht also um gewinnen oder verlieren!

Reflexiv: Ab und an denkt Herbert darüber nach, ob es das einzige Ziel beim Schach ist, oder ob es dabei auch noch um etwas anderes geht. Denn schließlich gibt es ja auch Weltmeisterschaften und dabei geht es sicher um eine Menge Geld.
Herbert denkt also über die Kontextur Sieg/Niederlage nach, beispielsweise über ihre Angemessenheit oder Unangemessenheit. Schach ist schließlich ein altes Spiel, bei dem es möglicherweise um mehr oder etwas anderes geht. Dazu muß er andere mögliche Kontexturen studieren, denn Sinn ist nur aus Differenzen, d.h. aus dem Vergleich möglicher Kontexturen in Bezug auf eine ausgewählte Kontextur zu gewinnen. (Dafür eignen sich Gespräche mit anderen Menschen, denn Menschen bringen von sich aus andere Kontexturen und damit andere Interpretationen mit.)

Doppelt Reflexiv: Herbert reflektiert seine Interpretationen die innerhalb seiner Kontextur entstanden sind mit dem Sinn dieser Kontextur (Welchen Sinn macht es, wenn es um gewinnen oder verlieren geht?) und reflektiert dies wiederum gegen den Sinn anderer Interpretationen die aus anderen Konturen, beispielsweise der wirtschaftlichen, der historischen, der ästhetischen, der philosophischen gewonnen wurden. Herbert muß den Sinn seines Weltbildes gegen den Sinn anderer Weltbilder und die daraus entstehenden Folgen gegeneinander abwägen, reflektieren. Und dann, wenn er dem Grübeln ein Ende bereiten und zur Tat schreiten will, muß er sich irgendwie entscheiden.

Gelesenes wie Gehörtes verstehen wir immer - irgendwie, irgendwas. Aber verstehen wir das Gesagte? Wörter haben keine feste Bedeutung, sie stehen immer in einem Kontext. Je nach Lebenserfahrung, sprachlicher Kompetenz, je nach dem Lauf der Jahre und Jahrhunderte haben Wörter für jeden eine andere Bedeutung. Reflektieren, Denken wollen, impliziert Risikobereitschaft, denn es ist nie abzusehen, auf welche Weise ein Gedanke, dem wir uns öffnen, in unser Leben eingreifen wird.

Leben überhaupt heißt in Gefahr sein.
Nietzsche

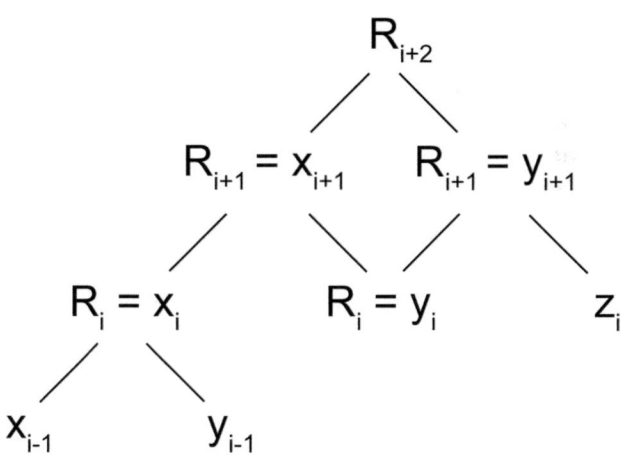

71

Herbert ist Journalist und ihm wird angetragen, einen Artikel (Relatum) über: "Wozu Schachspielen?" zu schreiben. Er soll in der Zeitschrift (Relator/Relatum) "Schach-matt" erscheinen, die auf dem Zeitschriftenmarkt (Relator) sehr beliebt ist. Er "muß" dem Grübeln nun ein Ende bereiten und zu einem Ergebnis, zu einer Entscheidung kommen. Zu diesem Zweck geht er in den Schachclub (Relator) seiner Heimatstadt. Dort hat er sich mit Anton (Relatum), Bruno (Relatum), Carl und Dieter verabredet, um ein Interview (Relation) zu machen. Für Anton (Relator) ist Gewinnen beim Schach das A und O (Kontextur: gewinnen/verlieren) - wenn er verliert, war es eine schlechte Partie. Bruno bestreitet dies vehement: eine Partie ist eine gute Partie, wenn sie schön gespielt wurde (Kontextur: schön/häßlich). Carl sagt: "Wozu Schachspielen? Natürlich um Geld zu verdienen, wozu sonst!?" (irreflexiv). Dieter kann zwar verstehen, was seinen Schachkameraden wichtig ist (Transjunktion, reflexiv), doch für ihn ist nur wichtig, daß er bei einer Partie etwas neues gelernt hat (irreflexiv).

Herbert ist mit diesen Antworten nicht zufrieden, eher verwirrt. Er will seinen Lesern eine Antwort auf "Wozu Schachspielen?" geben (klassische Logik). Er beschließt die Großmeister zu fragen, denn die müssen es schließlich wissen. Und wie es in einer Geschichte so geht, kann er ein Interview mit 5 Schachmeistern machen. Sie empfangen ihn an einem großen Tisch in einem gemütlichen Raum. Über der Eingangstür ist ein Zitat von Rosa Luxemburg eingerahmt: "Freiheit ist die Freiheit des Andersdenkenden." Garry Kasparov eröffnet das Gespräch: "Ein Großmeister muß tausende Partien in seinem Kopf speichern, denn diese sind für ihn, was die Worte der Muttersprache für gewöhnliche Leute sind, oder Noten für Musiker." Savielly Grigorievitch Tartakower neigt nachdenklich den Kopf: "Was ist Schach? - Vielleicht ein Nichts... Eine bloße Spielerei...Was sollte es sein? - Alles, denn es gestaltet die Kunst des Kampfes zum Kampf der Kunst!". Herbert schaltet sich ein: "Geht es im Schach nicht ums Gewinnen?" "Im Schach gewinnt jeder. Hat man Freude am Spiel - und das ist die Hauptsache - ist auch der Verlust einer Partie kein Unglück", antwortet David Bronstein. Alexej Shirov nickt bestätigend mit dem Kopf: "The game is far more important than the final result." "Man braucht nicht immer den besten Zug zu spielen: Ein Zug muß aktiv, unternehmungslustig, korrekt und schön sein." bestätigt David Bronstein.

Herbert ist der Antwort keinen Schritt näher gekommen - so denkt er jedenfalls. Doch Verstehen ist nicht ein Unterschied von wahr/falsch, keine festgezurrte Wahrheit. Die Antwort ist ein sich entwickelnder Weg. Reflektieren, Denken, sich mit all seinem Wissen ernst, künstlerisch und spielerisch an eine Frage heranwagen. Alle möglichen Antworten studieren, darüber sinnieren, immer wieder von vorn bis hinten. So gerät man ins Gespräch mit dem Thema, bekommt Antworten, stellt weitere Fragen, verwickelt sich in Widersprüche, genießt diese, löst Widersprüche auf und erfreut sich daran. Herberts Frage kann jeder nur für sich beantworten (trans-klassische Logik) und entsprechend seiner Antwort leben.

"Ich sage euch: man muß noch Chaos in sich haben,
um einen tanzenden Stern gebären zu können.
Ich sage euch: ihr habt noch Chaos in euch."

"Glattes Eis, ein Paradies für den, der gut zu tanzen weiß."
Nietzsche

Literaturhinweise

Gotthard Günther

Erkennen und Wollen
http://www.vordenker.de/ggphilosophy/e_und_w.pdf

Logik, Zeit, Emanation und Evolution
http://www.vordenker.de/ggphilosophy/gg_logik-zeit-emanat-evol.pdf

Diskussion zu "Logik, Zeit, Emanation und Evolution"
http://www.vordenker.de/ggphilosophy/gg_diskussion_logik.pdf

Die Aristotelische Logik des Seins und die Nicht-Aristotelische Logik der Reflexion
http://www.vordenker.de/ggphilosophy/gg_logik-sein-reflexion.pdf

Substanzverlust des Menschen
http://www.vordenker.de/ggphilosophy/gg_substanzverlust.pdf

Metaphysik, Logik und die Theorie der Reflexion
http://www.vordenker.de/ggphilosophy/gg_metaph-logik-refl.pdf

Die Theorie der "Mehrwertigen" Logik
http://www.vordenker.de/ggphilosophy/gg_theorie-mehrwert-logik.pdf

Das Alte Ägypten

Stein und Zeit - Mensch und Gesellschaft im Alten Ägypten
von Jan Assmann (ISBN 3-7705-2681-3)

Der Eine und die Vielen - Ägyptische Gottesvorstellungen
von Erik Hornung (ISBN 3-534-050517)

Zum Schmökern und Vertiefen

Die komplette Bibliographie Gotthard Günthers
Umfangreiche Textsammlung mit teilweise bislang
unveröffentlichten Originaltexten Gotthard Günthers
http://www.vordenker.de/ggphilosophy/gg_bibliographie.htm

Gotthard Günther's Philosophie Polykontexturalitätstheorie
Arbeiten von Gotthard Günther und weiterführende Literatur,
bspw. die Weiterentwicklung der PKL durch Rudolf Kaehr.
http://www.vordenker.de/ggphilosophy/ggphilo.htm

Kurt Klagenfurt:
Technologische Zivilisation und transklassiche Logik
Eine Einführung in die Technikphilosophie Gotthard Günthers
http://www.thinkartlab.com/pkl/media/kurtk/kontext.htm

PCL Homepage
Die Webseite der PKL-Arbeitsgruppe des Philosophen und
Mathematikers Rudolf Kaehr mit Günther'schen Originaltexten,
Kommentaren und weiterführenden Arbeiten.
http://www.thinkartlab.com/

Glossar der Polykontexturalitätstheorie
http://www.thinkartlab.com/pkl/glossary/framed.htm

Wikipedia über Gotthard Günther
http://de.wikipedia.org/wiki/Gotthard_G%C3%BCnther

Wikipedia über Logik
http://de.wikipedia.org/wiki/Logik